tolle lege

LATEINISCHE ÜBERGANGSLEKTÜRE

Herausgegeben von Alfred Bertram und Wieland Sachse

unter Mitwirkung von Manfred Blank, Gabriele Erasmus-Sarholz, Gisa Lamke, Brigitta Paterok, Stefan Schrade

Beratende Mitarbeit Reinhard Beeker, Maren Berghorn, Sabine Buck, Thomas Feißt, Brigitte Götz, Elisabeth Hubrecht, Thomas Kotzke-von Kleinsorgen, Beate Promberger, Bernhard Rudnick, Brigitte Wilke, Theo Wirth

Cornelsen

Bildnachweis

Anthony Verlag Starnberg 15 | Archäologisches Landesmuseum der Christian-Albrechts-Universität Schleswig 37 u. | Archiv für Kunst und Geschichte Berlin 31 u., 49, 52, 53 (Cameraphoto), 71 | ARS Antikenfestspiele GmbH Trier Umschlagfoto | Astrofoto Bildagentur GmbH Sörth 50, 51 | Astronomie+Raumfahrt im Unterricht/Zeitschrift (Erhard Friedrich Verlag | GmbH Leipzig) 54 u. | Bayerische Staatsbibliothek München, Bildarchiv 26 | Becker, Klaus, Frankfurt/Main 77 | Bielefelder Verlagsanstalt, Bielefeld 35 | Bildarchiv Preußischer Kulturbesitz 22 | Common wealth, Institute London 13 u. | Corel Library 10 o., 21, 29, 32, 68 | Deutsche Presse Agentur/ZB-Bildarchiv 18, 27 (Foto: Kumm), 45 | Ensikat, Klaus, Berlin 78 | Fratelli Alinari, Firenze 76 | Gebr. Mann Verlag Berlin 58 beide (© Heitzer, Elisabeth, Aachen) | Gemeinnützige Stiftung Leonhard von Matt, Buochs 9 l., 63, 75 | Giraudon Paris 20, 23 r. | Gott, Don, London 11 m. | Hainmüller, Hiltrud, Freiburg 74 | Informationsblatt vom Verband Garten-, Landschafts- und Sportplatzbau Bayern e.V. 72 o. | Interfoto München 16 (Archiv-Foto), 24, 56 (Archiv-Foto), 60 (Archiv-Foto), 65 (Foto: Kersten) | Laenderpress Mainz 10 u. (HST) | Landesinstitut für Medien, Saarbrücken 34 u. | Lotos-Film, Kaufbeuren 19, 23 l. | Mauritius Bildagentur Berlin 28 (Foto: B. Wenske) | Müller, Andreas, Hamburg 37 o. | Ostkreuz Fotoagentur Berlin 14 o. (Foto: Jens Rötzsch), 14 m. (Foto: Maurice Weiss), 14 u. (Foto: Brigitte Hiss) | Pflügner, Annette, Mörfelden-Walldorf 72 u. | Photographic Archives of the Archeological Superintendency of Naples and Caserta and Archeological Superintendency of Pompeii; Fotografica Foglia © Copyright on images by Ministero per i Beni e le Attività Culturali, Soprintendenza Archeologica di Napoli e Caserta, Soprintendenza Archeologica di Pompei 25 u. | Rendtel, Jürgen, Marquardt 54 o. | Rheinisches Landesmuseum Trier 38, 41 l., 48 u. | Römerstadt Augusta Raurica, Augst 25 o. | Römisch-Germanisches Zentralmuseum Mainz 17 (Foto: Volker Iserhardt) | Saalburgmuseum Bad Homburg v. d. H. 41 r. (Zeichnung des Saalburgmuseums in Germania Romana III, S. 101) | Scala, Antella/Florenz 8, 66 (Wdh.) | Schmidt, Werner, Berlin 30, 46 alle, 47 o., u., 48 o. | Trierischer Volksfreund/Tageszeitung 33 (Foto: Willi Speicher) | Weinstube „Zum Domstein", Trier 40 | Vogel, Norbert, Eichwalde 73 | Wirtz, Peter, Dormagen 11 u. | Zabern Verlag, Philipp von, Mainz 43 l.

Übernahmen aus

Cüppers, Heinz (Hrsg.), Die Römer in Rheinland-Pfalz, Stuttgart (Konrad Theiss) 1990: 34 o. (© Filtzinger, Philipp, Neckartailfingen) | Die Welt der Römer, Bayreuth (Gondrom) 1981: 9 r. (Foto: Henri Stierlin) | Emboden, William A.: Jean Cocteau – Die visuelle Kunst, Stuttgart/Zürich (Belser) 1989: 61 | Giebel, Marion: Reisen in der Antike, Düsseldorf (Artemis) 1999, S. 149: 13 o. | Greco, Emanuele: Italien. Archäologischer Führer, Freiburg (Herder) 1991, S. 313: 7, 12 (Wdh.)

Karten und Grafiken: Becker, Klaus, Frankfurt/Main, Langkafel, Skip G., Berlin

Nicht in allen Fällen war es uns möglich, den Rechteinhaber der Abbildungen oder Textauszüge ausfindig zu machen. Berechtigte Ansprüche werden selbstverständlich im Rahmen der üblichen Vereinbarungen abgegolten.

Umschlagbild

Aufführung der Tragödie Medea des griechischen Dichters Euripides (5. Jh. v. Chr.) im Rahmen der Antikenfestspiele Trier 1999 (Aufführungsort: Kaiserthermen). Medea wendet sich gerade den Männern des Chores zu.

Redaktion: Werner Schmidt
Umschlaggestaltung: Knut Waisznor
Lay-out: Steffi Mönnich
Technische Umsetzung: Tomasz Kargol

Cornelsen online http://www.cornelsen.de

1. Auflage € Druck 4 3 2 1 Jahr 04 03 02 01

Alle Drucke dieser Auflage können im Unterricht nebeneinander verwendet werden.

Druck: CS-Druck Cornelsen Stürtz, Berlin

ISBN 3-464-79722-8

Bestellnummer 797228

gedruckt auf säurefreiem Papier, umweltschonend hergestellt
aus chlorfrei gebleichten Faserstoffen

„FREIZEIT" IN DER ANTIKE?

WIR FAHREN NACH TRIER!

KOMETEN, GÖTTER, KATASTROPHEN

LIEBESERKLÄRUNGEN

LIEBE – MAL GANZ ANDERS

„FREIZEIT“ in der Antike

Der Begriff „Freizeit“ ist aus unserem Leben nicht mehr wegzudenken.
Wir verbinden mit ihm die Vorstellung von Spiel und Spaß, Sport, Reisen, Hobbies, Abwechslung, Freiheit.

Auch für die Menschen der Antike hatten Erholung und Vergnügen einen hohen Stellenwert. Fern von der täglichen Arbeit sich dem Nichtstun hinzugeben, war für alle erstrebenswert. Im Italienischen gibt es noch heute den Ausdruck „dolce far niente“. Wie viel otium sich der Einzelne leisten konnte, war aber von seiner sozialen Stellung und der finanziellen Situation abhängig.

WO HÖRT DIE ARBEITSZEIT AUF, WO FÄNGT DIE FREIZEIT AN?

Plinius war ein reicher Erbe, der auf seinem Landgut Freizeit, Arbeit und persönliche Interessen verbinden konnte. Auch wir denken heute darüber nach, wie sich Arbeit und Freizeit in Zukunft zueinander verhalten werden. Kann uns der Tagesablauf eines Römers der Kaiserzeit hier Anregungen geben?

Der Tagesablauf eines römischen Gutsbesitzers (Plinius)

C. PLINIUS FUSCO SUO S.

1. Quaeris, quemadmodum in Tuscis diem aestate disponam. Evigilo, cum libuit, plerumque circa horam primam, saepe ante, tardius raro. Clausae fenestrae manent.

2. Notarium voco et die admisso, quae formaveram, dicto; abit rursusque revocatur rursusque dimittitur.

3. Ubi hora quarta vel quinta (neque enim certum dimensumque tempus), ut dies suasit, in xystum me vel cryptoporticum confero, reliqua meditor et dicto. Vehiculum ascendo. Paulum redormio, dein ambulo, mox orationem Graecam Latinamve clare et intente non tam vocis causa quam stomachi lego; pariter tamen et illa firmatur.

1 in Tuscīs (agrīs): *auf dem Landgut des Plinius in Etrurien* | 2 dispōnere: *anordnen, aufteilen, einteilen* | 3 ēvigilāre: *aufwachen* | 4 libet (unpersönlich): *es beliebt, es gefällt* | 5 prīma hōra: *(etwa 6 Uhr; der Tag wurde von Sonnenaufgang bis Sonnenuntergang in 12 Stunden aufgeteilt, die jahreszeitlich bedingt unterschiedlich lang waren)* – tardus, -a, -um, tardē: (Adv.) *langsam, träge, spät* | 7 notārius, -ī m.: *Schnellschreiber, Sekretär, Stenograph* – diēs *(hier:) Tageslicht* – admittere, admittō, admīsī, admissum: *(hier:) hereinlassen* | 8 formare: *bilden, schaffen, gestalten* – dictāre: *diktieren* | 11 dīmētīrī: *abmessen* | 12 dies: *(hier:) Witterung* – suadēre, suadeō, suāsī, suāsum: *(an)raten* – xystus, -ī. m.: *(griech.) Terrasse mit Blumen* | 13 cryptoporticus, -ūs f.: *überdachte Halle* – meditārī, meditor, meditātus sum: *nachsinnen, etwas überdenken* | 14 vehiculum, -ī n.: *Wagen, Fahrzeug, Schiff* – ascendere, ascendō, ascendī, ascēnsum: *besteigen* | 15 redormīre: *nochmal schlafen* – dein = *deinde* | 17 intentē (Adv.): *laut* | 18 stomachus, -ī. m.: *Magen (lautes Vorlesen hilft laut Gellius: De medicina bei Verdauungsstörungen)*

4. Iterum ambulo, ungor, exerceor, lavor. Cenanti mihi, si cum uxore vel paucis, liber legitur; post cenam comoedia aut lyristes; mox cum meis ambulo, quorum in numero sunt eruditi. Ita variis sermonibus vespera extenditur, et quamquam longissimus dies bene conditur.

5. Non numquam ex hoc ordine aliqua mutantur; nam, si diu iacui vel ambulavi, post somnum demum lectionemque non vehiculo, sed, quod brevius, quia velocius, equo gestor. Interveniunt amici ex proximis oppidis, partemque diei ad se trahunt interdumque lasso mihi opportuna interpellatione subveniunt.

6. Datur et colonis, ut videtur ipsis, non satis temporis; eorum agrestes querellae mihi litteras nostras et haec urbana opera commendant. Vale!

1 Lies dir den Text aufmerksam durch. Notiere alle Zeitangaben und die dazugehörigen Prädikate. Fertige eine schematische Übersicht des Tagesablaufs von Plinius an. Übersetze den Text und ergänze die zusätzlichen Informationen auf der Übersicht.

2 Suche Beispiele für Chiasmus und Parallelismus im Text und erkläre ihre Wirkung.

3 Schreibe alle auf -o auslautenden Wörter heraus und sortiere sie nach Wortarten.

4 Sammelt in Gruppen Argumente für und gegen ein solches Leben. Bezieht den Artikel aus der „Brigitte" in eure Argumentation mit ein. Wo seht ihr selbst Vorteile eines solchen Lebens? Stellt eure Ergebnisse in einer Podiumsdiskussion vor.

– pariter (Adv.): *in gleicher Weise, zugleich* | 20 ungere, ungō, ūnxī, ūnctus: *salben, schmieren, balsamieren* – exercērī: *Fitness/Wellness trainieren, Gymnastik betreiben* | 21 lavare, lavō, lāvī, lautum: *waschen, sich baden* – cēnāre: *speisen* | 22 legitur: *wird vorgelesen* – cēna, -ae f.: Essen, Malzeit | 23 lyristēs, -ae m.: *Lautenspieler* – meī: *Sklaven und Freigelassene* | 25 ērudītus, -a, -um: *gebildet, kenntnisreich* | 26 extendere, extendo, extendi, extensum: *ausdehnen, hinziehen* | 27 dies conditur: *der Tag vergeht* | 30 somnus, -ī m: *Schlaf* – dēmum (Adv.): *endlich, erst* – lēctiō, -ōnis f.: *Vorlesen, Lektüre, Lesestunde* | 32 vēlōx, -ocis: *schnell, beweglich* – equō gestor = *equō vehor* – intervenīre: *dazu erscheinen, sich einstellen* | 35 lassus, -a, -um: *abgespannt, träge* – interpellātiō, -ōnis f.: *Unterbrechung* | 37 colōnus, -ī m.: *Pächter* | 38 agrestēs querellae: *die bäuerlichen Klagen der Pächter (abwertend gemeint)* | 40 commendare: *anvertrauen, empfehlen, sich mit Freuden hingeben*

DIE NEUEN
HIGH-TECH-JOBS

(Stefanie Winter)

In die Informationstechnologie hinein führen viele Berufswege. Wer will, kann. Und wer kann, kommt weiter. Die amerikanische Variante der Karriere, das „learning by doing“, ist im IT-Bereich so weit verbreitet wie in kaum einer anderen Branche. So entstehen Strukturen, die in Zukunft unser gesamtes Berufsleben beeinflussen werden: Projektarbeit statt Festanstellung, Teamwork und Kundenorientierung statt Einzelkämpfer-Mentalität. Ort und Zeit der Berufsausübung werden in modernen Kommunikationsnetzen immer flexibler. Ein Mangel an Verlässlichkeit? Nicht unbedingt.

Dafür bleibt mehr Spielraum für die persönliche Lebensplanung. „Diese neuen Jobs verbinden Technik immer häufiger mit Beratungs- oder Marketing-Aufgaben, mit Dienstleistung und Kundenkontakt“, unterstreicht Barbara Schwarze, Leiterin der Koordinierungsstelle der Initiative „Frauen geben Technik neue Impulse“ an der FH Bielefeld, „sie werden auch richtig gut bezahlt.“ Und das schließlich macht die Gestaltungs des Privatlebens – kompetente Betreuung für die Kinder, endlich den Sprachkurs (und Shopping) in New York – ebenfalls flexibler.

Zwischen 60 000 und 70 000 Mark liegen die durchschnittlichen Einstiegsgehälter für Fachhochschul- und Hochschulabsolventen. Zur Zeit allerdings ist deutlich mehr drin; der Mangel an Fachkräften macht freigebig. Außerdem kann sich der Verdienst, je nach Größe und Entwicklungsstadium der Firmen, erheblich unterscheiden. Der Deutsche Mulitimedia Verband registrierte beim Jahresgehalt eines Webmasters Unterschiede bis an die 100 000 Mark.

Einsteigerinnen haben vor allem in weniger finanzstarken, weil neu gegründeten Unternehmen eine Riesen-Chance, schnell Verantwortung zu übernehmen und mit dem Unternehmen zu wachsen, auch finanziell. Nicht selten liegen bei einer kleinen Mulitmedia-Agentur Projektleitung, grafische Gestaltung und Programmierung in denselben Händen. Der Job ist abwechslungsreich, und es gibt viele Möglichkeiten, sich zu qualifizieren und zu spezialisieren. Und hohe Qualifikation wird wiederum hoch vergütet.
(aus: Brigitte 18/25. 8. 99, S. 134)

REISEN –
NICHT IMMER EIN VERGNÜGEN

Via Appia

Unterwegs mit ganz wenigen Sklaven (Seneca)

Mitte des 1. Jhs. n. Chr., zur Zeit des Kaisers Nero, berichtet ein Römer von den Reizen einfachen Reisens ohne komfortable Ausstattung. Was er schildert, unterscheidet sich dennoch beträchtlich vom Tourismus unserer Tage ...

Cum paucissimis servis, quos unum capere vehiculum potuit, sine ullis rebus, nisi quae corpore nostro continebantur, ego et Maximus meus biduum iam beatissimum agimus. Culcita in terra iacet, ego in culcita: Ex duabus paenulis altera stragulum, altera opertorium facta est. De prandio nihil detrahi potuit: Paratum fuit non magis hora, nusquam sine caricis, numquam sine pugillaribus: Illae, si panem habeo, pro pulmentario sunt, si non habeo, pro pane. Cotidie mihi annum novum faciunt, quem ego faustum et felicem reddo. Vehiculum, in quod inpositus sum, rusticum est; mulae vivere se ambulando testantur; mulio excalceatus, non propter aestatem. Vix a me obtineo, ut hoc vehiculum velim videri meum.

1 Überlege, aus welchen Gründen die Römer Reisen unternommen haben. Suche dazu Informationen. Welches waren wahrscheinlich bevorzugte Reiseziele?

2 Kurz zuvor sagt der Autor dieses Textes: *„Inzwischen hat mich die Reise darüber belehrt, wie viel Überflüssiges wir haben und wie leicht wir aus Einsicht auf das verzichten können, was wir, wenn es die Not einmal genommen hat, nicht als Verlust empfinden."* Suche Beispiele dafür im Text.

3 Stell dir vor, du musst im Jahre 60 n. Chr. von Rom nach Athen reisen. Überlege, auf welche 5 der unten genannten Dinge bzw. Begleiter du auf keinen Fall verzichten könntest. In welchen Situationen sind sie unbedingt notwendig? Vergleiche deine Ergebnisse mit deinem Nachbarn und danach mit zwei weiteren Schülern.
opertorium - vehiculum - servus - panis - aqua - argentum - pugillares - pulmentarium - mulae - paenula - gladium - prandium - mulio - pecunia - interpres

4 Nenne zu den folgenden italienischen und französischen Wörtern die entsprechenden lateinischen Grundwörter: französisch: *pain, terre, année, heure,* italienisch: *due, pane, pranzo*

5 Wie oft erscheint die französische Zeitung, die sich *Le Quotidien* nennt?

2 vehiculum,-ī n.: *Fahrzeug* | 5 bīduum,-ī n.: *zwei Tage* – beātus, -a, -um: *glücklich* | 6 culcita,-ae f.: *Matratze, Kissen, Polster* – iacēre, iaceō, iacuī: *liegen* – paenula,-ae f.: *Reisemantel* – strāgulum, -ī n.: *Unterlage* – opertōrium, -ī n.: *Decke* | 7 prandium, -ī n.: *Frühstück, Mahlzeit* – dētrahere, dētrahō, dētrāxī, dētractum: *abziehen, schmälern* – nusquam *(Adv.)*: *nirgends* – cārica, -ae, f.: *Feige (aus Karien: Feigen waren ein übliches Neujahrsgeschenk)* | 8 pugillārēs, -ium m.: *Schreibtäfelchen* – pānis, -is m.: *Brot* – pulmentārium, -ī n.: *Fleisch* | 9 faustus, -a, -um: *günstig, geeignet* | 10 rūsticus, -a, -um: *ländlich, Bauern ...* – mūla, -ae f.: *Mauleselin, Maultier* – ambulāre: *gehen, umhergehen, spazierengehen* – testārī (→ testis): *bezeugen, beweisen, bekunden* – mūliō, -ōnis m.: *Maultiertreiber* | 11 excalceātus, -a, -um: *barfuß*

Auf der Durchreise ...

In der Antike machten Reisende Station in Gasthäusern. Eine typische Situation in einem solchen Gasthaus ist auf einem römischen Grabstein aus Aesernia (Isernia in den Abruzzen, Italien) dargestellt.

L. Calidius Eroticus sibi et Fanniae Voluptati v(ivus) f(ecit)

„Copo, computemus!“ – „Habes vini sextarium unum, pane(m): a(ssem) unum; pulmentar(ium): a(sses) duo.“ – „Convenit.“ – „Puell(am): a(sses) octo.“ – „Et hoc convenit.“ – „Faenum mulo: a(sses) duo.“ „Iste mulus me ad factum dabit.“

1 Schreibe die Inschrift in Dialogform ab und ordne die Aussagen jeweils der entsprechenden Person auf dem Bild zu. Spielt oder lest den Dialog mit verteilten Rollen.
2 Wie sind die Rollen des *copo*, der *puella* und des Reisenden einzuschätzen? Was sagen die Namen der Personen über sie aus?
3 Dieser Wirt gilt als ehrlich. Überlege, warum.
4 Vergleiche diese Grabinschrift mit anderen dir bekannten und zeige, worin sie sich unterscheiden.

ɔpō, -ōnis m. = *caupō, -ōnis m.: Wirt* – computāre: *zusammenzählen* | 4 sextārius, -ī m.: *Schoppen* – pānis, -is m: | 5 as, assis m.: *As (Kupfermünze)* – pulmentārium, -ī n.: *Fleischspeise* | 6 convenit: *es stimmt* 'aenum, -ī n. = fēnum, -ī n.: *Heu* – mūlus, -ī m.: *Maultier* | 10 ad factum dare: *arm machen*

Berlin-Fieber

Luxuskern der neuen Friedrichstadt-Passagen: Im Quartier 206 wird Shopping zu einem schwindelerregenden Design-Abenteuer

Labyrinth der Erinnerung: Wie ein Blitz schlägt die spektakuläre Architektur des Jüdischen Museums von Daniel Libeskind in die Kreuzberger Stadtlandschaft ein. Das durch asymmetrische Fensterschlitze einfallende Licht sorgt für eine beklemmend dramatische Stimmung.

Auffällig lange brauchte BRIGITTE-Redakteur Mark Kuntz, um die Manuskripte fürs Berlin-viva! zu lesen. Er habe sich Adressen für Hotels, Restaurants, Bars rausgeschrieben, um sofort eine Woche Hauptstadt zu buchen, entschuldigte sich der erklärte Berlin-Hasser bei BRIGITTE-Mitarbeiterin Karin Weber-Duve. Eine überzeugendere Reaktion hätte sich die redaktionelle Berlin-Beauftragte kaum wünschen können, über deren Schreibtisch, Telefon, Fax, PC und Hirn sämtliche Texte, Infos, Adressen sowie die Nach- und Anfragen der Mitarbeiter des Extra-Heftes liefen. Berlin ist eine gigantische Fabrik, die jede Stunde, jeden Tag, jede Nacht ein neues Stückchen Großstadt produziert. Bis zuletzt wurden Adressen ergänzt, ausgetauscht, Termine aktualisiert. Die 200 Tips sind sicher mehr als reichlich für ein Wochenende in Berlin. Machen Sie sich keinen Stress, wenn Sie hinfahren. Es gibt in der Dreieinhalb-Millionen-Metropole auch wunderbare Oasen der Ruhe.

(aus: Brigitte 12 (1999), S. 3)

Früher war hier Endstation: Seinen Ruf als alternative Nische hat der Kiez Kreuzberg verloren. Die Kneipenszene ist geblieben.

Tourismus-Promotion heute. Was ist mit antiken Reisen vergleichbar, wo liegen die Unterschiede?

Der Junge mit dem Delphin (Plinius)

Eine besondere Form des Tourismus beeindruckt den jüngeren Plinius (1./2. Jh. n. Chr.).

Der Delphin war in der Antike sehr beliebt und galt als Symbol des Meeresgottes Neptun. Neptun wurde in der Kunst mit einem Delphin dargestellt. Nach griechischer Vorstellung war der Delphin heilig. Man bewunderte seine Schnelligkeit und Geschicklichkeit. Es gab sagenhafte Vorstellungen von der Hilfsbereitschaft und außergewöhnlichen Klugheit der Delphine. Das Motiv des Delphin-Reiters taucht in der antiken Literatur mehrfach auf.

Omnis hic aetas piscandi, navigandi atque etiam natandi studio tenetur, maxime pueri, quos otium lususque sollicitat. His gloria et virtus altissime provehi; victor ille, qui longissime ut litus ita simul natantes reliquit.
Hoc certamine puer quidam audentior ceteris in ulteriora tendebat. Delphinus occurrit et nunc praecedere puerum, nunc sequi, nunc circumire, postremo subire, deponere, iterum subire trepidantemque perferre primum in altum, mox flectit ad litus redditque terrae et aequalibus.

Serpit per coloniam fama; concurrere omnes, ipsum puerum tamquam miraculum adspicere, interrogare, audire, narrare. Postero die obsident litus, prospectant mare et si quid est mari simile. Natant pueri, inter hos ille, sed cautius. Delphinus rursus ad tempus, rursus ad puerum. Fugit ille cum ceteris. Delphinus, quasi invitet, revocet, exsilit, mergitur.

Hoc altero die, hoc tertio, hoc pluribus, donec homines innutritos mari subiret timendi pudor.

1 piscārī: *fischen* | 2 natāre: *schwimmen* – maximē *(Adv.): besonders* | 3 lūsus, -ūs m. *(→ lūdus): Spiel* – sollicitāre: *erregen, beunruhigen* | 4 altissimē prōvehī: *sehr weit hinausschwimmen* | 6 simul *(Adv.): zugleich, gleichzeitig* | 7 certāmen, -inis n. *(→ certāre): Wettkampf* – audēns *(→ audēre): kühn, mutig* | 8 tendere, tendō, tetendī, tentum: *spannen, strecken, eilen* – in ulteriōra tendere: *noch weiter hinausschwimmen* | 9 delphīnus, -ī m.: *Delphin* – occurrere, occurrō, occurrī, occursum *(→ ob, currere): entgegeneilen* – praecēdere, praecēdō, praecessī, praecessum *(→ cēdere): vorangehen, übertreffen* | 10 circumīre: *herumgehen, umkreisen* | 11 subīre, subeō, subiī, subitum: *auf sich nehmen, hier: auf den Rücken nehmen* – dēpōnere, dēpōnō, dēposuī, dēpositum: *niederlegen, absetzen, aufgeben* | 12 trepidāre: *unruhig sein, in Angst sein, zittern* | 13 altum *(mare): das hohe Meer* – flectere, flectō, flexī, flexum: *beugen, biegen, sich zuwenden* | 14 aequālis, -is m.: *Gleichaltriger* | 15 serpere, serpō, serpsī, serptum: *kriechen, um sich greifen, sich ausbreiten* – concurrere, concurrō, concurrī, concursum: *zusammenlaufen* | 16 tamquam *(Adv.): gleichsam, wie* – mīrāculum, -ī n. *(→ mīrārī): Wunder* | 17 adspicere, adspiciō, adspexī, adspectum: *erblicken, anschauen* | 18 prōspectāre *(→ prō, spectāre): auf etwas blicken, schauen* | 20 cautus, -a, -um: *vorsichtig* | 22 quasi *(Adv.): gleichsam, wie wenn* – invītāre: *einladen, verlocken* – revocāre *(→ vocāre): zurückrufen* – exsilīre: *hochspringen* | 23 mergere, mergō, mersī, mersum: *eintauchen, einsinken* | 24 dōnec: *solange, solange bis* | 25 innūtrītus marī: *am Meer aufgewachsen* – pudor, -ōris m.: *Ehrgefühl, Scham, Schande*

Szenenfoto aus der Filmserie „Flipper“

Accedunt et adludunt et appellant, tangunt etiam . Crescit audacia experimento. Maxime puer, qui primus expertus est, adnatat nanti, insilit tergo, fertur referturque, agnosci se, amari putat, amat ipse; neuter timet, neuter timetur; huius fiducia, mansuetudo illius augetur. Nec non alii pueri dextra laevaque simul eunt hortantes monentesque.

Incredibile, tam verum tamen quam priora, delphinum gestatorem collusoremque puerorum in terram quoque extrahi solitum harenisque siccatum, ubi incaluisset, in mare revolvi.
Constat Octavium Avitum, legatum proconsulis, in litus educto religione prava superfudisse unguentum, cuius illum novitatem odoremque in altum refugisse nec nisi post multos dies visum maestum, mox redditis viribus priorem lasciviam et solita ministeria repetisse. Confluebant omnes ad spectaculum magistratus. Postremo locus ipse quietem suam secretumque perdebat; placuit occulte interfici, ad quod coibatur.

1 **Gliedere diesen Text in sinnvolle Abschnitte und finde passende Überschriften.**
2 **Um welche nd-Formen handelt es sich bei *piscandi, navigandi, natandi* (Z. 1 – 2)? Nenne das Bezugswort aller drei nd-Formen. Welche Rolle spielt das Verbum *natare* im Verlauf des Textes?**
3 **Suche im Text die beschreibenden Infinitive heraus und ersetze sie durch finite Formen. Dieser Infi-**
4 **nitiv Präsens kommt z. T. in lateinischen Texten vor, wenn etwas besonders lebhaft geschildert wird und viele Handlungen der Vergangenheit dicht aufeinander folgen. Er wird dann „historischer Infinitiv“ *(infinitivus historicus)* genannt.**
5 **Wie bewertet Plinius den engen Kontakt zwischen dem Delphin und dem Jungen? Suche Wörter aus dem Text heraus, die das Geschehen charakterisieren.**
6 **Die Stadt beschließt, etwas gegen den Massentourismus zu unternehmen. Sammelt Argumente für die verschiedenen Interessengruppen (Legat, Junge, die anderen Jungen, Touristen, Einwohner, Plinius). Verteilt die Rollen und diskutiert gemeinsam. Ein Prätor übernimmt die Diskussionsleitung. Vergleiche die Geschichte mit Filmen zu diesem Thema. (z. B. *Free Willy, Der weiße Hai...* .). Sammelt Informationen aus dem Internet über den Delphin.**

26 adlūdere, adlūdō, adlūsī, adlūsum *(→ ludus): mit jdm. spielen* – tangere, tangō, tetigī, tāctum: *berühren* | 27 experīmentum, -ī n. *(→ experīrī): Versuch, Probe, Beweis* | 28 adnatāre: *heranschwimmen* – nāre: *schwimmen* – īnsilīre: *hineinspringen* – tergum, -ī n.: *Rücken* | 29 agnōscere, agnōscō, agnōvī, agnitum: *erkennen, wiedererkennen* | 30 fīdūcia, -ae f. *(→ fidēs): Vertrauen* – mānsuētūdō, -inis f. *(→ manus): Milde, Zahmheit* | 34 incrēdibilis, -e *(→ crēdere): unglaublich* – prior, -ōris: *vorderer, früherer* | 35 gestātor, -ōris m. *(→ gerere): Träger, Reittier* – collūsor, -ōris m. *(→ lūdus): Mitspieler, Spielkamerad* | 36 extrahere, extrahō, extrāxī, extractum *(→ ex, trahere): herausziehen* – solitum: *ergänze: esse* – harēna, -ae f.: *Sand* – siccāre: *austrocknen* – incalēscere, incalēscō, incaluī: *heiß werden* | 37 revolvere, revolvō, revolvī, revolūtum: *zurückrollen, zurückwälzen* | 38 prōcōnsul, -is m.: *stellvertretender Konsul, Statthalter* | 39 ēdūcere, ēdūcō, ēdūxī, ēductum: *(→ ē, dūcere) herausziehen, hinausführen* – ēductō: *ergänze: delphīnō* – prāvus, -a, -um: *verkehrt, schlecht* – religiō prāva: *Aberglaube* – superfundere, superfundō, superfūdī, superfūsum *(beim Dat.): über etwas gießen* – unguentum, -ī n.: *Salbe, Salböl; Octavius Avitus verwendet das Salböl, weil er den Delphin für einen Boten der Götter hält und somit eine Kulthandlung an ihm vollziehen will* | 40 novitās, -ātis f. *(→ novus): Neuheit, Ungewöhnlichkeit* – odor, -ōris m.: *Geruch* – refugere, refugiō, refūgī *(beim Akk.) (→ fugere): vor etwas fliehen* – maestus, -a, -um: *traurig* | 42 lascīvia, -ae f.: *Ausgelassenheit, Mutwille* – ministerium, -ī n.: *Dienst* – repetere, repetō, repetīvī, repetītum: *zurückholen, wiederholen* – cōnfluere, cōnfluō, cōnflūxī *(→ flūmen): zusammenfließen, zusammenströmen* | 43 spectāculum, -ī n. *(→ spectāre): Spiel, Schauspiel* | 44 quiēs, -ētis f.: *Ruhe* | 45 occultus, -a, -um: *verborgen, unbemerkt* – coīre: *zusammenkommen*

Seeräuber

beherrschen das Mittelmeer (Cicero)

Schiffsreisen waren in mancher Hinsicht bequemer als Reisen auf dem Landweg, aber auch gefährlich. Zeitweise bedrohten Seeräuber die Schifffahrt im Mittelmeer so sehr, dass der römische Staat eine groß angelegte Militäraktion in Erwägung ziehen musste. In einer Rede vor der Volksversammlung beschreibt der Politiker Cicero die Lage im Mittelmeerraum.
Cicero unterstützt den kurz vorher gestellten Antrag, dem Feldherrn Pompeius das Oberkommando mit allen Vollmachten zu übertragen.

Modell eines römischen Kriegsschiffes. Museum für antike Schifffahrt, Mainz

Quam provinciam tenuistis a praedonibus liberam per hosce annos? Quod vectigal vobis tutum fuit? Quem socium defendistis? Cui praesidio classibus vestris fuistis? Quam multas existimatis insulas esse desertas, quam multas aut metu relictas aut a praedonibus captas urbis esse sociorum? Sed quid ego longinqua commemoro? Fuit hoc quondam, fuit proprium populi Romani longe a domo bellare et propugnaculis imperi sociorum fortunas, non sua tecta defendere. Sociis ego vestris mare per hosce annos clausum fuisse dicam, cum exercitus vestri numquam Brundisio nisi hieme summa transmiserint?
Qui ad vos ab exteris nationibus venirent, captos querar, cum legati populi Romani redempti sint?
Mercatoribus mare tutum non fuisse dicam, cum duodecim secures in praedonum potestatem pervenerint?
Cnidum aut Colophonem aut Samum, nobilissimas urbis, innumerabilisque alias captas esse commemorem, cum vestros portus, atque eos portus quibus vitam ac spiritum ducitis, in praedonum fuisse potestate sciatis?
An vero ignoratis portum Caietae celeberrimum et plenissimum navium inspectante praetore a praedonibus esse direptum, ex Miseno autem eius ipsius liberos, qui cum praedonibus antea bellum gesserat, a praedonibus esse sublatos?
Nam quid ego Ostiense incommodum atque illam labem atque ignominiam rei publicae querar,

1 praedō, -ōnis m.: *Räuber, Seeräuber* – -ce *(angehängt) demonstrative Partikel: hier: da* | 2 praesidium, -ī n.: *Schutz, Hilfe, Besatzung* | 3 exīstimāre: *schätzen, meinen* – īnsula, -ae f.: *Insel* | 4 longinquus, -a, -um: *(weit) entfernt* | 5 bellāre *(→ bellum): Krieg führen, kämpfen* – prōpūgnāculum, -ī n. *(→ prō, pūgnāre): Bollwerk, Schutzwehr* | 6 fortūnae, -ārum f.: *Vermögen* | 7 dīcam: *Soll ich sagen ?* – Brundisium, -ī n.: *Hafenstadt in Süditalien, heute Brindisi* – trānsmittere, transmittō, transmīsī, transmissum: *hinüberschicken, übersetzen* | 8 exterus, -a, -um: *äußerer, fremd* – redimere, redimō, redēmī, redēmptum: *loskaufen, befreien* | 10 mercātor, -ōris m.: *Händler, Kaufmann* – duodecim: *zwölf* – secūris, -is f.: *Beil* – duodecim secūrēs: *Gemeint sind zwei Prätoren, die je sechs Liktoren mit Beilen bei sich hatten.* | 12 Cnidus, -ī f.: *Seestadt in Kleinasien* – Colophōn, -ōnis f.: *Stadt in Kleinasien* – Samus, -ī f.: *Samos (griechische Insel in der östlichen Ägäis, vor der Küste Kleinasiens.)* – innumerābilis, -e: *unzählig* | 13 spīritus, -ūs m.: *Atem, Leben, Geist* | 15 Cāieta, -ae f.: *Hafenstadt in Latium, heute Gaeta* – celeber, celebris, celebre: *berühmt* – īnspectāre *(→ spectāre): zusehen* | 16 dīripere, dīripiō, dīripuī, dīreptum: *wegreißen, plündern* – Mīsēnum, -ī n.: *Vorgebirge und Stadt in Kampanien, heute Capo Miseno* | 18 Ōstiēnse incommodum: *das Unglück von Ostia*

cum prope inspectantibus vobis classis ea, cui consul populi Romani praepositus esset, a praedonibus capta atque depressa est?

1 a) Informiere dich über die neuen Vokabeln und lies den Text aufmerksam durch.
 b) Suche Personengruppen und Ortsnamen heraus und überlege, warum sie von den Seeräubern bedroht waren.
 c) Achte auf die Wörter, die die Sätze einleiten. Welche Bedeutung haben sie für den Text?
 d) Welchen Inhalt lässt der Einleitungstext erwarten?
 e) Übersetze den Text und überprüfe dein Textverständnis.

2 In welchem Kasus stehen die Formen *vobis, cui, praesidio, classibus, vestris* (Z. 1 – 2)? Was ist die Grundfunktion dieses Kasus? Welche besondere Konstruktion findest du in dem Satz *Cui ... fuistis?*

3 In Zeile 6–10 verwendet Cicero dreimal hintereinander den Konjunktiv. Bestimme die Funktion des Konjunktivs. Könnte hier auch der Indikativ stehen?

4 Nenne die Missstände, die nach Ciceros Ansicht durch das Seeräuberunwesen verursacht wurden. Vergleiche Art und Ausmaß mit der Seeräuberei, die im Artikel der FAZ beschrieben wird.

5 Welche Möglichkeiten gibt es, Fragen zu formulieren? Suche alle Formen von Fragen aus dem Text heraus und ordne sie. Welche Absicht verfolgt Cicero mit diesen Fragen?

6 Nenne aus dem Text Beispiele für Alliteration, Anapher, Parallelismus.
Welche Wirkung haben diese Stilmittel auf die Zuhörer?

7 Franz. *île*, ital. *isola*, engl. *isle*. Was ist das lateinische Grundwort?
Suche auch für folgende lateinischen Wörter das französische, italienische, spanische und englische Grundwort: *portus, mare, natio.*

Asiatische Seeräuber immer brutaler

ÜBERWACHUNGSORGANISATION: GANZE SCHIFFSBESATZUNGEN WERDEN ERMORDET

Hongkong, 25. Januar (Reuters). Die Seeräuber in den asiatischen Gewässern werden nach Angaben der Behörden immer brutaler. Die Zahl der Überfälle auf hoher See nehme zu, und die Täter töteten inzwischen ganze Schiffsbesatzungen, sagte Noel Choong von der Überwachungsstelle für Seeräuberei am Montag in Kuala Lumpur. In der letzten Zeit seien zahlreiche Schiffe im südchinesischen Meer und vor Indonesien entführt und ausgeraubt worden. Bei den jüngsten Überfällen hätten die Piraten vermutlich die gesamten Besatzungen getötet.
Die Behörden waren vor allem durch zwei Überfälle alarmiert worden, bei denen am Ende letzten Jahres vermutlich 38 Besatzungsmitglieder zweier entführter Schiffe getötet worden waren.

(aus: FAZ, 26. Jan. 1999, S. 15)

Verschleppte Touristen auf der Insel Jolo

15 lābēs, -is f.: *Sturz, Fall* – īgnōminia, -ae f.: *Schande* | 16 dēprimere, dēprimō, dēpressī, dēpressum: *unterdrücken*

Sturm

in der Ägäis (Apostelgeschichte)

Antiker Hafen
in Kampanien

Gefahren drohten den Schiffsreisenden aber nicht nur durch Seeräuber, sondern auch durch Unwetter. Die Seefahrt beschränkte sich in der Regel auf die Zeit zwischen Frühling und Herbst. Aber auch dann war sie mit Risiken verbunden. In der Apostelgeschichte erfahren wir, unter welch schwierigen Umständen Paulus 58 n. Chr. als Gefangener auf einem Schiff nach Rom gebracht wurde.

Die Aufsicht über die Gefangenen hat ein Centurio namens Iulius. Die Fahrt geht zunächst an Zypern vorbei zur Küstenstadt Myra in Lykien (Südwesten der heutigen Türkei). Dort muss ein anderes Schiff zur Weiterfahrt gesucht werden.

Et ibi inveniens centurio navem Alexandrinam navigantem in Italiam transposuit nos in eam. Et cum multis diebus tarde navigaremus, et vix devenissemus contra Gnidum, prohibente nos vento, adnavigavimus Cretae. Et vix iuxta navigantes venimus in locum quendam, qui vocatur Boniportus. Multo autem tempore peracto, et cum iam non esset tuta navigatio, consolabatur eos Paulus. Centurio autem gubernatori et nauclero magis credebat, quam his, quae a Paulo dicebantur. Et cum aptus portus non esset ad hiemandum, plurimi statuerunt navigare inde Phoenicen, portum Cretae.

In insulam autem quandam decurrentes, quae vocatur Cauda, potuimus vix obtinere scapham. Valida autem nobis tempestate iactatis sequenti die iactum fecerunt: Et tertia die suis manibus armamenta navis proiecerunt. Neque autem sole neque sideribus apparentibus per plures dies et tempestate non exigua imminente iam ablata erat spes omnis salutis nostrae. Et cum multa ieiunatio fuisset, tunc stans Paulus in medio eorum dixit. »Oportebat quidem, o viri, audito me, non tollere a Creta.

1 centuriō, -ōnis m.: *Zenturio, Hauptmann* – Alexandrīnus, -a, -um: *aus Alexandria* – trānspōnere, transpōnō, transpōsuī, transpositum *(→ trāns, pōnere): hinüberbringen* | 2 tardus, -a, -um: *langsam, träge, spät* – dēvenīre *(→ dē, venīre): hinabkommen, hinkommen* – Gnidus/Cnidus, -ī f.: *Knidos (Seestadt in Kleinasien)* – ventus, -ī m.: *Wind* | 3 adnavigāre + Dat. *(→ ad, navigāre): heransegeln an* | 4 peragere, peragō, perēgī, perāctum *(→ per, agere): ausführen, vollenden* cōnsōlārī: *trösten* | 5 gubernātor, -ōris m.: *Steuermann* – nauclērus, -ī m.: *Schiffseigner, Kapitän* | 6 aptus, -a, -um: *passend, geeignet* | 7 Phoenīx, -īcē f.: *Stadt an der Südküste Kretas (unterhalb der Leva Ori)* – Crēta, -ae f.: *Kreta, größte griechische Insel* | 8 īnsula, -ae f.: *Insel* – dēcurrere, dēcurrō, dēcurrī, dēcursum *(→ dē, currere): abdriften* – Cauda, -ae f.: *kleine Insel südlich von Kreta (heute Garvos)* – scapha, -ae f.: *Kahn, Boot* | 9 validus, -a, -um *(→ valēre): stark, kräftig* – tempestās, -ātis f.: *Unwetter, Sturm* – iactāre *(→ iacere): werfen, schleudern, hin- und herwerfen* – iactum facere: *Ladung über Bord werfen* | 10 armāmenta, -ōrum n. *(→ arma): Schiffsausrüstung, Takelage* – prōicere, prōiciō, prōiēcī, prōiectum *(→ prō, iacere): wegwerfen* – sīdus, sideris n.: *Stern, Gestirn* | 11 exiguus, -a, -um: *gering, klein* – imminēre: *drohen, bevorstehen* | 12 iēiūnātiō, -ōnis f.: *das Fasten*

Et nunc suadeo vobis bono animo esse. Amissio enim nullius animae erit ex vobis, praeterquam navis. Astitit enim mihi hac nocte Angelus Dei, cuius sum ego, et cui deservio, dicens: >Ne timeas Paule, Caesari te oportet assistere: Et ecce donavit tibi Deus omnes, qui navigant tecum.< Propter quod bono animo estote, viri! Credo enim Deo, quia sic erit, quemadmodum dictum est mihi. In insulam autem quandam oportet nos devenire.«
Sed posteaquam quartadecima nox supervenit, navigantibus nobis in Adria circa mediam noctem, suspicabantur nautae apparere sibi aliquam regionem. Timentes autem, ne in aspera loca incideremus, de puppi mittentes anchoras quattuor optabant diem fieri.

Cum autem dies factus esset, terram non agnoscebant: Sinum vero quendam considerabant habentem littus, in quem cogitabant, si possent, eicere navem. Et cum anchoras sustulissent, committebant se mari. Et cum incidissemus in locum dithalassum, impegerunt navem: Et prora quidem fixa manebat immobilis, puppis vero solvebatur a vi maris. Militum autem consilium fuit, ut custodias occiderent, ne quis, cum enatasset, effugeret. Centurio autem volens servare Paulum prohibuit fieri: Iussitque eos, qui possent natare, emittere se primos, et evadere et ad terram exire: Et ceteros alios in tabulis ferebant: Quosdam super ea, quae de navi erant. Et sic factum est, ut omnes animae evaderent ad terram.

1 **Gliedere den Text in sinnvolle Abschnitte und formuliere für jeden eine passende Überschrift.**
2 ***prohibente nos vento – multo tempore peracto – valida ... nobis tempestate iactatis* – drei Beispiele für eine typisch lateinische Konstruktion. Benenne sie und bestimme die einzelnen Beispiele näher.**
3 ***audito* (Z. 12) zbd *estote* (Z. 17) sind Formen des Imperativs II. Er endet im Singular auf *-to* (2. Pers.), im Plural auf *-tote* (2. Pers.) bzw. *-nto* (3. Pers.) und fordert zur Befolgung in der Zukunft oder auf Dauer auf. Übersetze die beiden Formen und achte dabei auf den Kontext.**
4 **An wen richtet sich Paulus mit dem Imperativ *audito*?**
5 **Schildere die Geschichte aus der Sicht des Kapitäns, der die Ereignisse in seinem Logbuch festhält.**
6 **Was bezeichnet der Fachausdruck Emissionen? Welche Bedeutung hat im Französischen die Zeitangabe *plus tard*?**

| 14 suādēre, suādeō, suāsī, suāsum: (an)raten – āmissiō, -ōnis f. *(→ amittere): Verlust* – praeterquam *(Adv.): außer* | 15 assistere, assistō, asstitī, asstitum: *sich hinstellen, hintreten* – angelus, -ī m.: *Bote (Gottes), Engel* – dēservīre *(→ servus): eifrig dienen* | 17 estōte!: Ihr sollt sein! – quemadmodum *(Adv.): wie* | 19 posteāquam = postquam | quārtusdecimus,-a, -um: *der vierzehnte* – supervenīre *(→ venire): herankommen* – circā *(Präp.beim Akk.): um … herum* | 20 suspicārī: *vermuten, verdächtigen* – nauta, -ae m.: *Matrose, Seemann* | 21 puppis, -is f.: *Heck (eines Schiffes)* – anc(h)ora, -ae f.: *Anker* – optāre: *wünschen* | 22 agnōscere, agnōsco, agnōvī, agnitum: *erkennen, wiedererkennen* – sinus, -ūs m.: Bucht, Landzunge – cōnsīderāre: *betrachten, bedenken* | 23 littus, -oris n. = litus, -oris – ēicere, ēiciō, ēiēcī, ēiectum *(→ ē, iacere): hinauswerfen, landen lassen, anlegen* | 24 dīthalassus, -a, -um: *von beiden Seiten vom Meer berührt* – impingere, impingō, impēgī, impactum: *auflaufen lassen* – prōra, -ae f.: *Bug, Vorderteil eines Schiffes* | 25 figere, fīgō, fīxī, fīxum: *festmachen* – immōbilis, -e *(→ movēre): unbeweglich* – solvere, solvō, solvī, solūtum: *lösen, auflösen* | 26 custōdia, -ae f.: *Bewachung, hier: Gefangener* – ēnatāre: *hinausschwimmen, sich schwimmend retten* | 27 natāre: *schwimmen* – ēmittere, ēmittō, ēmīsī, ēmissum *(→ ex, mittere): aussenden, wegschicken; hier: sē ēmittere über Bord springen* – ēvādere, ēvādō, ēvāsī, ēvāsum: *herausgehen, entkommen* | 28 exīre *(→ ex, īre): herausgehen, weggehen* – tabula, -ae f.: *Tafel, hier: Brett*

VORSICHT!

Eine bekannte Geschichte strebt ihrem dramatischen Höhepunkt zu. Jemand ist unterwegs, erlebt Hitze und Wildnis und schildert seine Begegnung mit bellenden, wilden Hunden. Wer ist es?

Bellende Hunde und Aasgeier!

Quamquam solis et febris ardor sanguinem in venas oculorum diffundebat, ut dolerent et iam defecturi essent, tamen a mille fere passibus aliquot puncta speculatus sum, quae neque lapides neque edita terrae esse poterant.

Carabino capto propius ire studebam.

Nondum dimidium spatium emensus eram, cum tres canes latrantes conspexi et paulo longius ab iis nonnullos vultures. Bestiae corpus circumsedebant, quod non satis perspicue cognoscere poteram. Videbatur bestia aut homo esse, utique animal nondum prorsus exanime, cum alias bestiae voraces iam pridem corpus mortuum inter se partitae essent. Nihilominus canes latrantes mihi aliquid spei iniecerunt, cum hae bestiae, quae sine aqua diu vivere nequeunt, haud longe spatia inculta desertorum intrare audeant. Ceterum mihi resciscendum erat, cuius generis corpus esset, quod circumstabant, et iam pedem laturus eram ad longius progrediendum, cum mihi venit in mentem aliquid, quo adductus celeriter carabinum applicatum tenebam.

1 a) Lies den Einleitungstext und die Angaben zu den neuen Vokabeln aufmerksam durch.
b) Gliedere den Text, indem du auf die Konnektoren und häufig vorkommende Wörter achtest.
c) Suche die Prädikate und beschreibe den Handlungsverlauf.
d) Übersetze den Text und überprüfe dein erstes Textverständnis.

2 Ordne den Text zeitlich einer Epoche zu und begründe deine Entscheidung.

3 *defecturi essent* (Z. 2/3) – *laturus eram* (Z.13/14) – Bestimme die Formen und zeige, wie durch die Verwendung dieser Formen im Text Spannung erzeugt wird.

4 Wie könnte die Geschichte weitergehen?

1 febris, -is f.: *Fieber* – ārdor, -ōris m. (→ *ārdēre*): *Brand, Glut, Feuer* – sanguis, sanguinis m.: *Blut* – vēna, -ae f.: *Ader* | 2 diffundere, diffundō, diffūdi, diffūsum: *ausgießen, ausströmen lassen* – dēficere, dēficiō, dēfēcī, dēfectum: *ermatten, nachlassen* | 3 mīlle: *tausend* – passus, -ūs m.: *Schritt, Doppelschritt* – aliquot (*unveränderlich*): *einige, ein paar* | 4 pūnctum, -ī n.: *Punkt* – speculārī: *auskundschaften, beobachten* | 5 ēditum, -ī n.: *Anhöhe* | 6 carabīnus,-ī m.: *Gewehr* | 7 dīmidius, -a, -um: *halb, zur Hälfte* – spatium, -ī n.: *Raum, Ausdehnung, Zwischenraum* – ēmētīrī, ēmētior, ēmēnsus sum: *durchmessen, zurücklegen* – canis, -is m.: *Hund* – lātrāre: *bellen* – cōnspicere, cōnspiciō, cōnspexī, cōnspectum: *erblicken* | 8 vultur, -uris m.: *Geier, Aasgeier* – bēstia, -ae f.: *wildes Tier* – circumsedēre *beim Akk.* (→ *sedēre*): *um etwas herumsitzen* – perspicuus, -a, -um: *durchsichtig, deutlich* | 9 utique (*Adv.*): *jedenfalls, zumal* – prōrsus (*Adv.*): *völlig, ganz, ganz und gar* | 10 exanimis, -e (→ *ex, animus*): *atemlos, leblos, tot* – aliās (*Adv.*) (→ *alius*): *sonst, ein andermal* – vorāx, -ācis: *gefräßig* – iam prīdem (*Adv.*): *schon längst* – partīrī, partior, partītus sum (→ *pars*): *teilen, aufteilen* | 11 nihilōminus (→ *nihil, minus*): *nichtsdestoweniger, trotzdem* – inicere, iniciō, iniēcī, iniectum (→ *iacere*): *hineinwerfen, (ein)geben* | 12 nequīre: *nicht können* – haud: *nicht* – incultus, -a, -um: *unbebaut, öde* – dēserta, -ōrum n. (→ *dēserere*): *Einöde, Wüsten, Steppen* – cēterum (*Adv.*): *übrigens, außerdem* | 13 rescīscere, rescīscō, rescīvī, rescītum: *erfahren, in Erfahrung bringen* – circumstāre, circumstō, circumstetī (→ *circum, stāre*): *um etwas herumstehen, umzingeln, belagern* – lātūrus, -a, -um: *Part. Fut. Akt. von ferre* | 14 prōgredī, prōgredior, prōgressus sum: *vorrücken* | 16 carabīnum applicātum tenēre: *das Gewehr in Anschlag halten*

FESTE

FEIERN WIE SIE FALLEN

Ich bin für die Festveranstaltungen verantwortlich ... (Cicero)

Feste waren in der römischen Antike nicht nur für das Privatleben von Bedeutung. Sie hatten auch eine öffentliche Funktion und einen religiösen Charakter. Im Rahmen seiner Karriere – des cursus honorum – durchlief der höhere römische Beamte auch Stationen, in denen er festliche religiöse Zeremonien zu leiten hatte.

Römische Opferhandlung.

Nunc sum designatus aedilis; habeo rationem, quid a populo Romano acceperim; mihi ludos sanctissimos maxima cum cura et caerimonia Cereri Libero Liberaeque faciundos, mihi Floram matrem populo plebique Romanae ludorum celebritate placandam, mihi ludos antiquissimos, qui primi Romani appellati sunt, cum dignitate maxima et religione Iovi Iunoni Minervaeque esse faciundos, mihi sacrarum aedium procurationem, mihi totam urbem tuendam esse commissam; ob earum rerum laborem et sollicitudinem fructus illos datos, antiquiorem in senatu sententiae dicendae locum, togam praetextam, sellam curulem, ius imaginis ad memoriam posteritatemque prodendae.

1 dēsīgnātus aedīlis: *ernannter Ädil* – ratiōnem habēre: *hier: sich bewusst sein* | 3 caerimōnia, -ae f.: *Ehrfurcht, Feierlichkeit* – Cerēs, Cereris f.: *Göttin des Ackerbaus (griechisch: Demeter)* – Līber, -erī m.: *Gott des Weines, Bacchus (griechisch: Dionysos, Bakchos)* – Lībera, -ae f.: *Proserpina (griechisch: Persephone) Herrscherin in der Unterwelt* | 4 Flōra, -ae f.: *Göttin der Blumen, Vegetationsgöttin* | 5 celebritās, -ātis f.: *Festlichkeit, Verherrlichung* – plācāre: *versöhnen, beruhigen, besänftigen* | 8 prōcūrātiō, -ōnis f. (→ *cūra, cūrāre*): *Verwaltung*

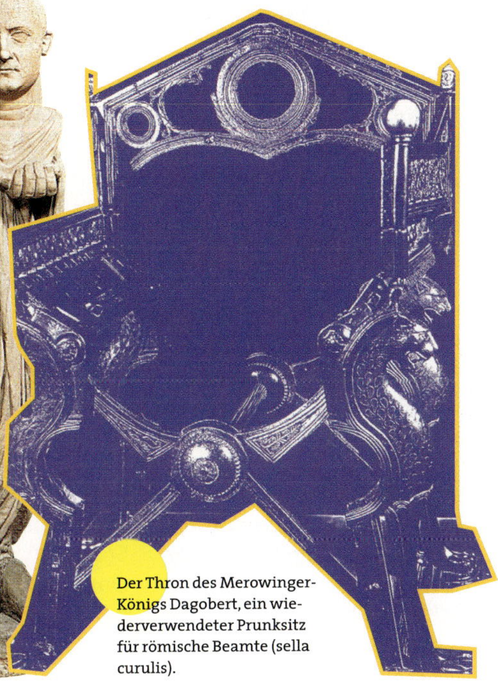

Der Thron des Merowinger-Königs Dagobert, ein wiederverwendeter Prunksitz für römische Beamte (sella curulis).

1 Suche alle -nd-Formen mit ihren Bezugswörtern aus dem Text heraus und bestimme sie. Warum kommen die -nd-Formen in diesem Text besonders häufig vor?

2 Wie schätzt Cicero selbst sein Amt ein? Nenne Textstellen, die seine Einstellung zum Ausdruck bringen.

3 Bereitet die folgenden Aufgaben in Gruppen vor. Informiert die anderen Gruppen möglichst anschaulich über eure Ergebnisse. (Ihr könnt dafür z.B. die neue Ausgabe der *Res Romanae* zu Hilfe nehmen. Die entsprechenden Seitenzahlen sind in Klammern angegeben.)
a) Welche Aufgaben waren mit dem Amt des Ädils verbunden?
b) Wie sah die Ämterlaufbahn *(cursus honorum)* eines römischen Beamten aus (S. 22 f.)?
c) Verschafft euch einen kurzen Überblick über das Leben Ciceros (S. 86 ff.)
d) Informiert euch über die Götter, die im Text genannt werden. (S. 64 ff.)

4 Wer ist heute für die Durchführung religiöser Feiern verantwortlich? Wie eng sind Staat und Kirche(n) in Deutschland miteinander verflochten? Wie sieht die Situation in anderen Ländern aus?

5 Erkläre folgende Begriffe. Nenne dazu das lateinische Wort und seine Bedeutung: *Cerealien, Matriarchat, Tutor, Prokura, Zeremonie, populär, antik, Sentenz.*

10 sollicitūdō, -inis f.: *Unruhe, Sorge* – frūctus, -ūs m.: *Frucht, Ertrag, Lohn* | 11 toga praetexta, -ae f.: *mit einem Purpursaum eingefasste Toga (Zeichen kurulischer Beamter)* | 12 sella curūlis: *kurulischer Stuhl (ein mit Elfenbein beschlagener Klappstuhl der höheren Magistrate)* – iūs imāginis: *Bildnisrecht* | 13 posteritās, -ātis f.: *Nachwelt, Zukunft*

Ein ganz besonderes Festessen (Petron)

Szenenfoto aus Fellinis »Satyricon«. Der Regisseur verfilmte 1969 Szenen aus Petrons Roman.

Unterdessen, während er beim Spiel alle erdenklichen Flüche und Kraftausdrücke bemühte und wir es uns schmecken ließen, wurde ein Tafelaufsatz hereingebracht, der wie ein Korb aussah, in dem eine hölzerne Henne mit ausgebreiteten Flügeln saß, als würde sie brüten. Anschließend erschienen zwei Sklaven, die unter lauter Musikbegleitung das Nest auszunehmen begannen und dabei Pfaueneier zum Vorschein brachten und unter die Gäste verteilten. Trimalchio blickte auf und sagte: „Liebe Freunde, ich habe der Henne Pfaueneier unterlegen lassen. Ich hoffe aber trotzdem, dass sie frisch sind; wir wollen sehen, ob sie sich noch essen lassen!"

Wir nahmen unsere Löffel – kaum weniger als ein halbes Pfund schwere Schaufeln – und öffneten die aus feinstem Mehl gebackenen Eier. Und beinah hätte ich meines fortgeworfen, denn mir schien bereits ein Küken darin zu sein. Da hörte ich einen erfahrenen Stammgast sagen: „Das muss etwas ganz besonders Gutes sein!" und als ich das Ei weitergeschält hatte, entdeckte ich eine fette Schnepfe in gepfeffertem Dotter.

Trimalchio hatte inzwischen sein Spiel abgebrochen und sich auch seinerseits von allem reichen lassen. Er fragte mit lauter Stimme, ob jemand von uns noch Honigwein nachgeschenkt haben wolle, als plötzlich die Musik ein Zeichen gab und die Gerichte von einem singenden Chor abgeräumt wurden. Als in dem Durcheinander versehentlich eine kleine Schüssel zu Boden fiel und ein Sklave sie aufhob, ließ Trimalchio, der es gesehen hatte, dem Jungen eine Ohrfeige geben und befahl, die Schüssel wieder auf den Boden zu werfen. Dann kam ein Hausbursche und kehrte das Silber mit einem Besen in den Abfall.

Nun erschienen zwei Neger mit krausem Haar und brachten kleine Schläuche mit, wie man sie benutzt, um den Sand in der Arena zu besprengen, und gossen Wein über die Hände. Wasser gab es nicht.

Wir machten dem Gastgeber wegen seiner geschmackvollen Einfälle unser Kompliment, und er bemerkte: „Da nur Mars alles gleichzumachen pflegt, habe ich veranlasst, dass jedem ein eigener Tisch zur Verfügung gestellt wird. Dann werden uns auch die schwitzenden Sklaven durch ihr Gedränge nicht mehr so belästigen."

(aus: Petronius Arbiter: Satyrikon. Übers. von Carl Fischer mit den Ergänzungen von Nodot in der Übers. von Wilhelm Hinse. München: Winkler 1962, S. 47 f.)

1 **Vergleiche die Darstellung des Festessens bei Trimalchio mit der Geburtstagsfeier im Gedicht von Grasshoff (S. 23). Nenne Gemeinsamkeiten und Unterschiede.**

2 **Bereitet ein römisches Festessen vor. Teilt dabei die Organisation unter euch auf: Ein Küchenchef übernimmt die Planung des Menüs, Dekorateure kümmern sich um die Raumgestaltung, weitere Personen sollten sich um die Gästeliste und den Ablauf des Abends kümmern. Sucht im Internet (z. B. unter http://www.cornelsen-teachweb.de/co/sek1/latein) nach römischen Rezepten.**

Ein römischer Leckerbissen (Apicius)

O(va) elixa: liquamine, oleo, mero vel ex liquamine, pipere, lasere.

Verschiede römische Vorspeisen: Kleingebäck, Weinbergschnecken, Eier, Oliven, Soucen und Gemüse. Aufnahme im Römerhaus Augst bei Basel.

Gekochte Eier: mit Liquamen, Öl, unvermischtem Wein oder Liquamen, Pfeffer und Laser

Hartgekochte Eier
Ova elixa
hartgekochte Eier serviere mit einer Sauce aus ungemischtem Wein, Fischlake und Öl oder aus Fischlake, Pfeffer und Asant.

Vorbereitung: 10 min.
Kochzeit: 8 min.
Für 4 Personen:
4 Eier, 1 EL Austernsauce, 1 TL Weinessig,
1 EL Distelöl, 1/2 TL weißer Pfeffer, 1 TL Honig
Zubereitung:
Die hartgekochten Eier halbieren. Das Dotter zerdrücken, mit der Austernsauce, dem Distelöl und dem Weinessig mischen, bis es cremig wird, und in die Eihälften einfüllen.

Vermutlich hat es diese harten Eier als Auftakt der Mahlzeit in zahlreichen Variationen gegeben, wobei wohl immer die unvermeidliche Fischlake dabei war. Sehr apart wird die Mischung, wenn man sparsam Honig und weißen Pfeffer zugibt.

(aus: Hans-Peter von Peschke, Werner Feldmann: Kochen wie die alten Römer. 200 Rezepte nach Apicius, für die heutige Küche umgesetzt. Düsseldorf: Artemis 1995, S. 47)

Diodors Geburtstagsfeier (Fritz Grasshoff)

Diodors Geburtstagsfeier
Alle ehrenwerten Flöten,
alle hohen Tiere waren
zu Diodors Geburtstagsfestdiner
gebeten.
(Fabrik- und Gutsbesitzer,
ganze Scharen.)
Und hoch ging´s her
auf dieser Fete:
etepetete!
Zum Schluß erhielten alle
haufenweise Moneten.
Das freute diese Herren
solchermaßen,
daß sie,
daß Diodor geboren wurde,
ganz vergaßen.

Griech. Vasenmalerei aus Capua (4. Jh. v. Chr.)

(aus: Fritz Grasshoff: Martial für Zeitgenossen. Epigramme von Marcus Valerius Martialis ausgewählt, ins Deutsche gerückt und mit Zeichnungen versehen von Fritz Grasshoff. Düsseldorf: Eremiten-Presse 1998, S. 27)

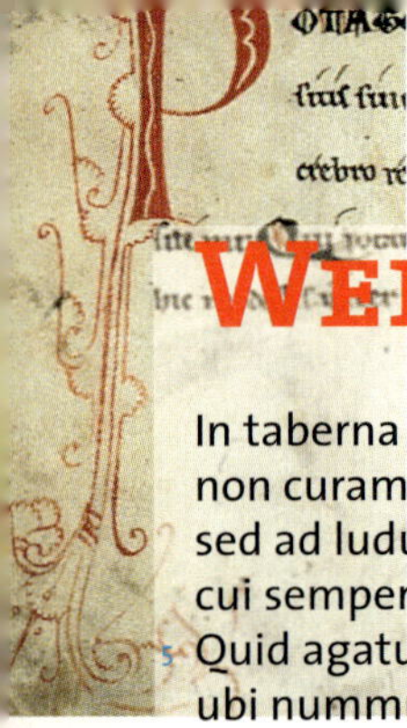

Wenn wir in der Taverne sind

(Carmina Burana)

In taberna quando sumus,
non curamus, quid sit humus,
sed ad ludum properamus,
cui semper insudamus.
Quid agatur in taberna,
ubi nummus est pincerna,
hoc est opus ut queratur,
sed quid loquar, audiatur.

Quidam ludunt, quidam bibunt,
quidam indiscrete vivunt.
sed in ludo qui morantur,
ex his quidam denudantur;
quidam ibi vestiuntur,
quidam saccis induuntur.
Ibi nullus timet mortem,
sed pro Bacho mittunt sortem:

Bibit hera, bibit herus,
bibit miles, bibit clerus,
bibit ille, bibit illa,
bibit servus cum ancilla,
bibit velox, bibit piper,
bibit albus, bibit niger,
bibit constans, bibit vagus,
bibit rudis, bibit magus.

Bibit pauper et egrotus,
bibit exul et ignotus,
bibit puer, bibit canus,
bibit presul et decanus,
bibit soror, bibit frater,
bibit anus, bibit mater,
bibit ista, bibit ille,
bibunt centum, bibunt mille.

Parum centum sex nummate
durant, cum immoderate
bibunt omnes sine meta,
quamvis bibant mente leta.
Sic nos rodunt omnes gentes,
et sic erimus egentes.
Qui nos rodunt, confundantur
et cum iustis non scribantur.

Illustration aus der Handschrift der Carmina Burana.

1 **Informiert euch über die Literaturgattung, Geschichte, Musik etc. der *Carmina Burana*. Benutzt dafür möglichst das Internet. Vergleicht und diskutiert eure Ergebnisse.**

2 **Kennzeichne die Textstellen, aus denen hervorgeht, dass es sich hier um einen mittelalterlichen Text handelt.**

3 **Worauf beruht die Wirkung des Textes? (Stilmittel etc.)**

4 **Dieses Lied wurde in der Kneipe gesungen. Stellt die Szene in der Kneipe nach und singt das Lied.**

2 hūmus, -ī f.: *Erde, Grab* | 3 properāre: *schnell gehen* | 4 īnsūdāre *beim Dat.*: *bei etwas schwitzen* | 6 nummus, -ī m.: *Münze* | pincerna, -ae m.: *Mundschenk* | 9 lūdere, lūdō, lūsī, lūsum (→ *lūdus*): *spielen* | bibere, bibō, bibī: *trinken* | 10 īndiscrētus, -a, -um: *gleichgültig, liederlich* | 11 morārī: *(sich) aufhalten, verzögern* | 12 dēnūdāre: *ausplündern* | 13 vestīre (→ *vestis*): *kleiden, bedecken* | 14 saccus, -ī m.: *Sack* | induere, induō, induī, indūtum: *bekleiden* | 16 Bacchus, -ī m.: *Bacchus (Gott des Weines)* | sortem mittere: *das Los, den Würfel werfen* | 17 hēra, -ae f./hērus, -i m.: *Herrin/Herr* | 18 clērus, -ī m.: *Klerus, Geistlichkeit* | 20 ancilla, -ae f.: *Magd, Dienerin* | 21 vēlōx, -ōcis: *schnell, beweglich* | piger, -gra, -grum: *langsam, träge, faul* | 22 albus, -a, -um: *weiß, hell* | niger, -gra, -grum: *schwarz, dunkel* | 23 cōnstāns, cōnstantis: *beständig; hier: sesshaft* | vagus, -a, um: *unbeständig, umherschweifend* | 24 rudis, -e: *roh, ungebildet* | magus, -ī m.: *der Weise* | 25 aegrōtus, -a, -um: *krank* | 26 exul, exulis m.: *Verbannter* | 27 cānus, -a, -um: *grau, alt* | 28 praesul, praesulis m.: *Bischof* | decānus, -ī m.: *Dekan, Vorgesetzter* | 30 anus, -ūs f.: *alte Frau* | 32 centum: *hundert* | mīlle: *tausend* | 33 parum: *(Adv.): zu wenig, nicht genug* | 34 dūrant: *sie reichen nicht weit* | immoderātus, -a, -um: *maßlos, unmäßig* | 35 mēta, -ae f.: *Ziel, Maß* | 36 quamvīs: *obwohl* | letus = laetus | 37 rōdere, rōdō, rōsī, rōsum: *nagen, verzehren, erniedrigen* | 39 cōnfundere, cōnfundō, confūdī, cōnfūsum: *zusammengießen, vernichten*

A million „ravers“ take part in Berlin’s 11th Love Parade

(Clive Freeman)

Berlin (dpa) – An estimated 1.5 million techno music „ravers“ danced their way through the arches of Berlin’s Brandenburg Gate under balmy summer skies in the German capital’s 11th annual Love Parade.

Billed as the biggest street party in the world, a solid mass of dancers three kilometres long pranced to the throbbing beat of synthesized music being blared from scores of sound trucks.

Temperatures soaring toward 30 degrees Celsius (mid-80s F) combined with alcohol consumption and non-stop dancing to take a toll on revellers. Scores of people were treated for heat exhaustion and alcohol over-indulgence.

Dozens were detained for possession of illicit drugs.

One man was stabbed in the heart during the parade and died later in hospital. His assailant eluded persuers in the gyrating multitudes. Eyewitnesses were questioned by police.

Generally, though, the mood was festive and images of colourfully though scantily clad party-makers, passionately kissing and dancing and swilling beer and champagne were broadcast nationwide live on public television.

1 Dieser englische Pressetext enthält eine Vielzahl von Wörtern des gehobenen Sprachgebrauchs, die aus dem Lateinischen abgeleitet sind.
Erschließe die Bedeutung der folgenden englischen Wörter mit Hilfe der zu Grunde liegenden lateinischen Vokabeln. Überprüfe deine Ergebnisse dann mit Hilfe eines Wörterbuchs.
„estimated“, „arches“, „annual“, „consumption“, „detained“,„possession“, „illicit“,„multitudes“, „questioned“, „festive“,„images“, „colourfully“, „passionately“, „nationwide“, „public“.

ALLE WEGE
FÜHREN ... IN DIE THERMEN

Wasser ist ... äußerst wichtig für das Leben, die Vergnügungen und den täglichen Gebrauch.
Aqua est maxime necessaria et ad vitam et ad delectationes et ad usum cotidianum.

Mit diesem Satz bringt der römische Architekt Vitruv die Bedeutung und die vielfältige Nutzung des Wassers auf eine kurze Formel. Wasser ist für die Menschen einerseits ein lebenswichtiger Grundstoff, andererseits ermöglicht es so manchen angenehmen Luxus oder hat heilende Wirkung.
Sex. Iulius Frontinus, der in der zweiten Hälfte des 1. Jhs. n. Chr. lebte, war Direktor der römischen Wasserversorgung *(curator aquarum)*. In seiner Schrift *De aquaeductu urbis Romae* beschreibt er die Anfänge römischer Wasserwirtschaft.

Röm. Aquädukt (Aqua Claudia/Anio Novus) bei Roma Vecchia.

Wasser aus dem Tiber (Frontinus)

Ab urbe condita per annos quadringentos quadraginta unum contenti fuerunt Romani usu aquarum, quas aut ex Tiberi aut ex puteis aut ex fontibus hauriebant. Fontium memoria cum sanctitate adhuc exstat et colitur: Salubritatem enim aegris corporibus adferre creduntur, sicut Camenarum et Apollinaris et Iuturnae. Nunc autem in urbem confluunt aqua Appia, Anio vetus, Marcia, Tepula, Iulia, Virgo, Alsietina, quae eadem vocatur Augusta, Claudia, Anio novus.

1 Erkläre folgende französischen Wörter: *année, content, mémoire, fontaine, corps, exister.*
2 Übersetze aus dem Spanischen: *dos mil cuatrocientos cincuenta y cinco*
Um welche Zahl handelt es sich?

1 ab urbe conditā: *seit Gründung der Stadt* – quadringentī: *vierhundert* | 2 quadrāgintā: vierzig | 3 Tiberis, -is m.: *(der Fluss) Tiber* | 4 puteus, -ī m.: Zisterne – haurīre, hauriō, hausti, haustum: *schöpfen* | 5 sānctitās, ātis f.: *religiöse Verehrung* | 6 exstāre (→ *stāre*): *vorhanden sein, existieren* – salūbritās, -ātis f.: *Gesundheit* – aeger, aegra, aegrum: *krank, leidend* | 8 Camēnae, -ārum f.: *Kamenen (römische Quellnymphen, Quellgöttinnen)* – Apollināris fōns: *eine dem Apoll geweihte Quelle* – Iūturna, -ae f.: *Juturna (römische Quellnymphe; ihr Heiligtum lag auf dem Forum Romanum unterhalb des Palatins)* | 9 cōnfluere, cōnfluō, cōnflūxī (→ *flūmen*): *zusammenfließen, zusammenströmen* | 10 Appia usw. *Namen der einzelnen römischen Wasserleitungen*

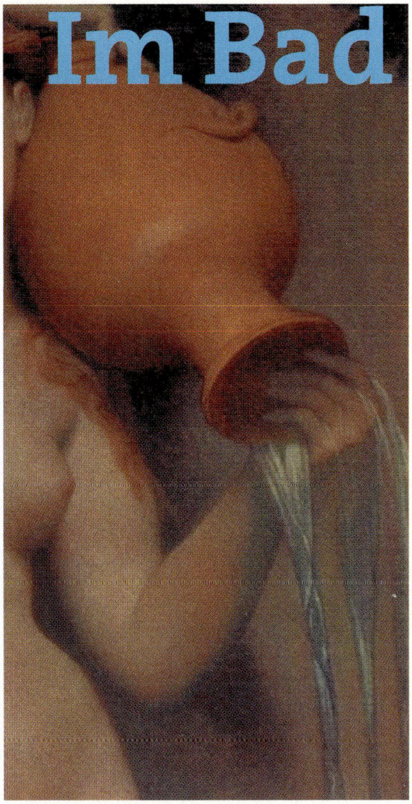

Im Bad des großen Scipio (Seneca)

Mit der Verbesserung der Wassertechnik wuchsen auch die Ansprüche der Menschen. In allen Städten des Imperium Romanum und sogar in Legionslagern entstanden öffentliche Bäder. In Rom waren die Thermen des Kaisers Caracalla oder Diokletian, deren gewaltige Ruinen wir heute noch bewundern können, öffentliche Luxusbäder. Aber auch nördlich der Alpen sind noch Reste römischer Thermenanlagen in Badenweiler, Mainz, Trier, Xanten und vielen anderen Orten erhalten.
Allein in Rom soll es zur Kaiserzeit etwa fünfhundert öffentliche Bäder gegeben haben. Für die Römer war der tägliche Gang in die Thermen körperliche Erholung und anregende Unterhaltung zugleich. Diesen Luxus konnten sich auch die Ärmsten und sogar die Sklaven leisten.

L. Annaeus Seneca, Philosoph des 1. Jhs. n.Chr. und Erzieher des Kaisers Nero, schildert in einem Brief den Besuch im Landhaus des Karthago-Siegers P. Cornelius Scipio. Er beschreibt das einfache Bad Scipios und zieht Parallelen zu seiner eigenen Zeit.

Magna me voluptas subiit contemplantem mores Scipionis ac nostros: In hoc angulo ille, ›Carthaginis horror‹, cui Roma debet, quod tantum semel capta est, abluebat corpus laboribus rusticis fessum. Exercebat enim opere se terramque (ut mos fuit priscis) ipse subigebat. Sub hoc ille tecto tam sordido stetit, hoc illum pavimentum tam vile sustinuit: At nunc quis est, qui sic lavari sustineat? Pauper sibi videtur ac sordidus, nisi parietes magnis et pretiosis orbibus refulserunt, nisi Alexandrina marmora Numidicis crustis distincta sunt, nisi Thasius lapis, quondam rarum in aliquo spectaculum templo, piscinas nostras circumdedit, in quas multa sudatione corpora exsaniata demittimus, nisi aquam argentea epitonia fuderunt.

1 voluptās, -ātis f.: *Vernügen, Lust* – subīre, subeō, subiī: *auf sich nehmen* – contemplārī: *betrachten* | 2 angulus, -ī m.: *Ecke, Winkel* | 3 horror, -ōris m.: *Schrecken* | 4 tantum (Adv.): *nur, so sehr* – semel (Adv.): *einmal* – abluere, abluō, abluī: *abwaschen* | 5 rūsticus, -a, -um: *ländlich, bäuerlich, einfach* – fessus, -a, -um: *erschöpft, ermattet* | 6 prīscus, -a, -um: *früher, alt* – subigere, subigō, subēgī, subāctum: *bezwingen, bearbeiten* | 7 sordidus, -a, -um: *schmutzig, schlicht* | 8 pavīmentum, -i n.: *Fußboden* – vīlis, -e: *billig, wertlos, gering* | 9 lavāre, lavō, lāvī, lautum: *waschen, baden* | 10 pariēs, -etis m.: *Wand* – pretiōsus, -a, -um (→ *pretium*): *kostbar, wertvoll* | 11 orbis, -is m.: *hier: Spiegel* – refulgēre, refulgeō, refulsī: *zurückstrahlen, aufleuchten, erglänzen* – Alexandrīnus, -a, -um: *aus/in Alexandria, alexandrinisch* – marmor, -oris n.: *Marmor* | 12 Numidicus, -a, -um: *aus Numidien, numidisch* – crusta, -ae f.: *Mosaik* – distinguere, distinguō, distīnxī, distīnctum: *unterscheiden, trennen* – Thasius, -a, -um: *von der Insel Thasos* | 13 rārus, -a, -um: *selten* – spectāculum, -ī n.: *Schauspiel, Anblick* | 14 piscīna, -ae f.: *Teich, Badebecken* | 15 sūdātiō, -ōnis f.: *das Schwitzen* – exsaniātus, -a, -um: *gereinigt* – dēmittere, dēmittō, dēmīsī, dēmissum: *herabschicken, eintauchen* | 16 argenteus, -a, -um (→ *argentum*): *silbern, aus Silber* – epitonion, -ī n.: *Wasserhahn* – fundere, fundō, fūdī, fūsum: *gießen, hervorströmen lassen*

Et adhuc plebeias fistulas loquor: Quid, cum ad balnea libertinorum pervenero? Quantum statuarum, quantum columnarum est nihil sustinentium, sed in ornamentum positarum impensae causa! Quantum aquarum per gradus cum fragore labentium! Eo deliciarum pervenimus, ut nisi gemmas calcare nolimus.
In hoc balneo Scipionis minimae sunt rimae magis quam fenestrae muro lapideo exsectae, ut sine iniuria munimenti lumen admitterent; at nunc blattaria vocant balnea, si qua non ita aptata sunt, ut totius diei solem fenestris amplissimis recipiant, nisi et lavantur simul et colorantur, nisi ex solio agros ac maria prospiciunt.
Quantae nunc aliqui rusticitatis damnant Scipionem, quod non in caldarium suum latis specularibus diem admiserat, quod non in multa luce decoquebatur et expectabat, ut in balneo concoqueret!

Die Kaiserthermen in Trier

1 Stelle die gegensätzlichen Aussagen über die Bäderausstattung zur Zeit Scipios und Senecas gegenüber. Wie bewertet Seneca die Ausstattung der Bäder beider Epochen?

2 Bestimme die Funktion der folgenden Genitive und übersetze:
a) *Quid, cum ad balnea libertinorum pervenero* (Z. 17–18)
b) *Quantum statuarum, quantum columnarum est ...* (Z. 18–19)
c) *impensae causa* (Z. 20–21)
d) *eo deliciarum pervenimus* (Z. 22-23)
e) *sine iniuria munimenti* (Z. 25–26)
f) *Quantae aliqui rusticitatis damnant Scipionem* (Z. 32)

3 In dem Relativsatz *qui ... sustineat* (Z. 9) fällt eine Besonderheit auf (vgl. dazu den Relativsatz *cui ... debet* Z. 3). Informiere dich auch mit Hilfe der Grammatik (z. B. VIDEO S. 59)

4 Welche rhetorischen Mittel fallen in dem Textabschnitt *Quantum* (Z. 18) ... *nolimus* (Z. 23) auf? Beschreibe, was Seneca durch die Verwendung dieser „Kunstgriffe" erreichen will.

5 Die übersetzte Textstelle aus Petrons *Satyricon* stammt aus der selben Zeit wie Senecas Brief. Vergleiche beide Texte und nenne gemeinsame Aspekte.

17 plēbēius, -a, -um (→ plēbs): *plebejisch, niedrig, gemein* – fistula, -ae f.: *Wasserrohr* | 18 lībertīnus, -ī m. (→ *līber, lībertās*): *Freigelassener* | 19 columna, -ae f.: *Säule* – ōrnāmentum, -ī n.: *Schmuck* – impēnsa, -ae f.: *Aufwand, Kosten* | 21 gradus, -ūs m.: *Schritt, Stufe, Rang* | 22 fragor, -ōris m.: *Krach, Getöse* – lābī, lābor, lāpsus sum: *gleiten, fallen, wankelmütig werden* – dēliciae, -ārum f.: *Wonne, Genuss, Vergnügen* – gemma, -ae f.: *Edelstein, kostbarer, geschnittener Stein* – calcāre: *treten, betreten* | 24 rīma, -ae f.: *Spalte, Ritze* | 25 fenestra, -ae f.: *Fenster* – mūrus lapideus: *Steinmauer* – exsecāre, exsecō, exsecuī, exsectum: *herausschneiden* | 26 iniūria, -ae f.: *hier: Schaden* – mūnīmentum, -ī n.: *Befestigung, Schutz, hier: Mauerwerk* – admittere, admittō, admīsī, admissum: *zulassen, gestatten* | 27 balnea blattāria: *„Schabenbäder", dunkle Bäder (weil die Schabe-blatta- die Dunkelheit liebt)* | 28 aptāre: *anpassen* | 29 simul (*Adv.*): *zugleich, gleichzeitig* – colōrāre (→ *color*): *färben, bräunen* – solium, -īn: *Thron, Badewanne* – prōspicere, prōspiciō, prōspexī, prōspectum: *vor sich sehen, in der Ferne sehen* | 32 rūsticitās, -ātis f.: *Rückständigkeit* – damnāre (*beim Gen.*): *einer Sache beschuldigen, zu etwas verurteilen* | 33 caldārium, -ī n.: *Warmwasserbad* | 34 speculāria, -ium n.: *Fensterscheiben* | 35 dēcoquere, dēcoquō, dēcoxī, dēcoctum: *garkochen* – exspectāre: *warten, erwarten* | 36 concoquere, concoquō, concoxī, concoctum: *verdauen, seine Verdauung erledigen*

BALL SPIEL in den Thermen (Petron)

Die Thermen waren nicht nur große Luxusbäder. In den riesigen Gebäuden erwartete die Besucher ein vielfältiges Angebot. So schildert Petron, der zur gleichen Zeit wie Seneca lebte, in seinem satirischen Roman *Satyricon* folgende Szene:

„Wir ... machen sorgfältig Toilette und sagen zu Giton, der mit Vergnügen den Dienst als Sklave versah, er solle uns ins Bad folgen ... Selber begannen wir einstweilen, noch angezogen umherzuschlendern, richtiger gesagt Kurzweil zu treiben und uns an Gruppen anzuschließen, als wir plötzlich einen alten Kahlkopf erblicken, der in roter Tunica unter Burschen mit langem Haar Ball spielte. Dabei hatten nicht so sehr die Burschen, obwohl es sich gelohnt hätte, unsere Augen auf sich gezogen als der Hausvorstand selbst, der in Sandalen mit grünen Bällen übte. Und wenn einer davon etwa den Boden berührt hatte, verwendete er ihn nicht weiter, sondern ein Sklave hielt einen vollen Beutel und versorgte die Spieler. Weiter fiel uns als seltsam auf, dass zwei Eunuchen auf den entgegengesetzten Seiten der Gruppe standen, von denen der eine einen silbernen Nachttopf in der Hand hielt, der andere die Bälle zählte, aber nicht die, die im Prellspiel von Hand zu Hand folgen, sondern die, die zu Boden fielen.

(aus: Erika Brödner: Die römischen Thermen und das antike Badewesen. Darmstadt: Wissenschaftliche Buchgesellschaft 1983, S. 125)

Ringsum dröhnt tausendfacher ... Lärm (Seneca)

Auch Seneca beschreibt in einem Brief den Lärm und die Geräusche der Thermen, die an sein Ohr dringen und ihn von der Arbeit ablenken.

SENECA LVCILIO SVO SALVTEM

Ecce undique me varius clamor circumsonat: Supra ipsum balneum habito. Propone nunc tibi omnia genera vocum, quae in odium possunt aures adducere: Cum fortiores exercentur et manus plumbo graves iactant, cum aut laborant aut laborantem imitantur, gemitus audio, quotiens retentum spiritum remiserunt, sibilos et acerbissimas respirationes; cum in aliquem inertem et hac plebeia unctione contentum incidi, audio crepitum inlisae manus umeris.

Si vero pilicrepus supervenit et numerare coepit pilas, actum est. Adice nunc scordalum et furem deprensum et illum, cui vox sua in balineo placet, adice nunc eos, qui in piscinam cum ingenti inpulsae aquae sono saliunt.

1 **Lies den Text aufmerksam durch. Notiere mit Hilfe der neuen Vokabeln alle Ursachen für Lärm und Geräusche, die Seneca stören könnten. Übersetze den Text.**

2 **Rekonstruiere mit Hilfe einer Zeichnung die Lage der Wohnung Senecas.**

1 circumsonāre: *ringsum ertönen* – balneum/balineum, -ī n.: *Bad* – prōpōnere, prōpōnō, prōposuī, prōpositum: *hinstellen, sich vorstellen, sich vor Augen halten* | 2 auris, -is f.: *Ohr* | 3 plumbum, -ī n.: *Blei, Bleikugel* – iactāre: *werfen, schleudern* | 4 gemitus, -ūs m.: *Seufzen, Stöhnen* – quotiēns: *wie oft* – spīritus, -ūs m.: *Atem, Leben, Geist* – remittere, remittō, remīsī, remissum: *zurückschicken, lockern, nachlassen* – sībilus, -ī m.: *Zischen, Pfeifen* – respīrātiō, -ōnis f.: *Atemholen* | 5 iners, -tis: *ungeschickt* – plēbēius, -a, -um: plebejisch, niedrig, gemein – ūnctiō, -ōnis f.: Salbung, das Salben | 6 crepitus, -ūs m.: Getöse, Krachen – inlīdere/illīdere, illīdō, illīsī, illīsum: anschlagen, gegen etwas schlagen – umerus, -ī m.: *Schulter* | 7 pilicrepus, -ī m.: *Ballspieler* – supervenīre: *dazukommen* – numerāre: *zählen* – pila, -ae f.: *Ball* – āctum est: *es ist aus* – adicere, adiciō, adiēcī, adiectum: *hinzufügen* – scordalus, -ī m.: *Zänker, Streithammel* | 8 fūr, fūris m.: *Dieb* – dēprehendere, dēprehendō, dēprehendī, dēprehēnsum: *ergreifen, ertappen* | 9 piscīna, -ae f.: *Teich, Badebecken* – sonus, -ī m.: *Ton, Klang, Getöse* – salīre: *springen*

Wenn wir in RUHE die Tage genießen könnten …
(Martial)

Si tecum mihi, care Martialis,
securis liceat frui diebus,
si disponere tempus otiosum
et verae pariter vacare vitae,
nec nos atria nec domos potentum
nec litis tetricas forumque triste
nossemus nec imagines superbas;
sed gestatio, fabulae, libelli,
campus, porticus, umbra, Virgo, thermae,
haec essent loca semper, hi labores.
Nunc vivit necuter sibi, bonosque
soles effugere atque abire sentit,
qui nobis pereunt et inputantur.
Quisquam vivere cum sciat, moratur?

1 Welche Bereiche des römischen Lebens spricht Martial in diesem Gedicht an? Stelle eine Liste mit den lateinischen Bezeichnungen der Dinge zusammen, die Martial als angenehm bzw. unangenehm empfindet. Wo würdest du ihm zustimmen und welche Dinge würdest du hinzufügen?
2 Suche alle Konjunktiv-Formen aus dem Text heraus und erkläre jeweils die Funktion dieses Modus.
3 Welche Lebenseinstellung kommt in diesem Gedicht zum Ausdruck? Beschreibe sie mit Hilfe von Beispielen aus dem Text und versuche dann, eine Gegenposition zu dieser Einstellung zu formulieren.

2 sēcūrus, -a, -um *(→ cūra): sorglos, unbekümmert* | 3 dispōnere, dispōnō, disposuī, dispositum *(→ pōnere): planmäßig verteilen, einteilen, ordnen* | 3 ōtiōsus, -a, -um: *ruhig, frei (von Pflicht)* | 4 pariter *(Adv.) (→ pār, pāris): gleichermaßen, gleichzeitig* – vacāre: *frei sein, Zeit haben, sich widmen* | 5 ātrium, -ī n.: *Atrium (Halle des röm. Hauses)* – potēns, potentis: *mächtig, einflussreich* | 6 līs, lītis f.: *Streit (lītīs = lītēs)* – tetricus, -a, -um: *finster, unfreundlich* – trīstis, -e: *traurig, bedrückend* | 7 nōscere, nōscō, nōvī, nōtum: *kennenlernen, erfahren; pf. novisse = nōsse kennen* – superbus, -a, -um: *hochmütig, stolz* | 8 gestātiō, -ōnis f.: *Ausfahrt, Allee, Reitbahn* – fābula, -ae f.: *Gerede, Erzählung* – libellus, -ī m.: *(→ liber, librī): kleines Buch, Bittschrift* | 9 porticus, -ūs f. *(→ porta): offene Halle, Säulengang* – umbra, -ae f.: *Schatten* | 10 loca, -ōrum n.: *Pl. von locus* | 11 necuter = *neuter* | 13 imputāre: *anrechnen* | 14 morārī: *(sich) aufhalten, verzögern*

Wir fahren nach Trier!

Endlich ist es soweit! Das Ziel für die nächste Klassenfahrt der Klasse 9 steht fest: Trier. Die Schülerinnen und Schüler freuen sich schon darauf. Damit aber auch alle Teilnehmer der Klassenfahrt einschätzen können, welche geschichtliche Bedeutung die Stadt Trier hat, wird in mehreren Lateinstunden die Klassenfahrt vorbereitet. Nach einer allgemeinen geografischen Orientierung teilt der Lehrer die Klasse in Gruppen ein. Dann stellt er ihnen 3 wichtige Themenbereiche der Exkursion vor:

1 Die Lebensweisen der Gallier und Germanen zur Römerzeit.

2 Versuche der „Grenzsicherung“ im Römischen Reich und der EU.

3 Was ist heute noch zu sehen? Die Denkmäler der Stadt Trier.

Der Rhein-Mosel-Raum in der Antike

Ein Blick auf Gallien (Pomponius Mela)

Regio, quam incolunt, omnis Comata Gallia. Populorum tria summa nomina sunt, terminanturque fluviis ingentibus. Namque a Pyrenaeo ad Garunnam Aquitani, ab eo ad Sequanam Celtae, inde ad Rhenum pertinent Belgae. Aquitanorum clarissimi sunt Ausci, Celtarum Haedui, Belgarum Treveri, urbesque opulentissimae in Treveris Augusta, in Haeduis Augustodunum, in Auscis Eliumberrum.

keltisches Geschir

1 Zu welchem Land gehörte nach antiker Vorstellung die Stadt Augusta Treverorum und zu welchem Volksstamm gehören ihre Einwohner?

2 Vergleiche deine Beobachtungen mit den heutigen geografischen Verhältnissen.

1 incolere, incolō, incoluī, incultum: *(be)wohnen* | 2 *Ergänze hinter Comāta Gallia: nōminātur* – summa nōmina: *„Hauptbezeichnungen“* | 3 termināre: *begrenzen* – fluvius, -ī m. = *flumen, -inis n.* | 4 Pȳrēnaeus, -ī m.: *die Pyrenäen (Grenzgebirge zwischen Spanien und Frankreich)* | 5 Garunna, -ae f.: *Garonne (Fluss in Südfrankreich)* – *Ergänze zu ab eō: locō* – Sēquana, -ae f.: *Seine (Fluss in Nordfrankreich)* | 8 Auscī, -ōrum m.: *Ausker (aquitanischer Volksstamm)* – Haeduī, -ōrum m.: *Häduer (gallischer Volksstamm)* | 10 Trēverī, -ōrum m.: *Treverer* – opulentus, -a, -um: *reich; glänzend, mächtig* – Augusta (Trēverōrum): *Trier* | 11 Augustodūnum, -ī n.: *Autun*

Trier und Umgebung heute

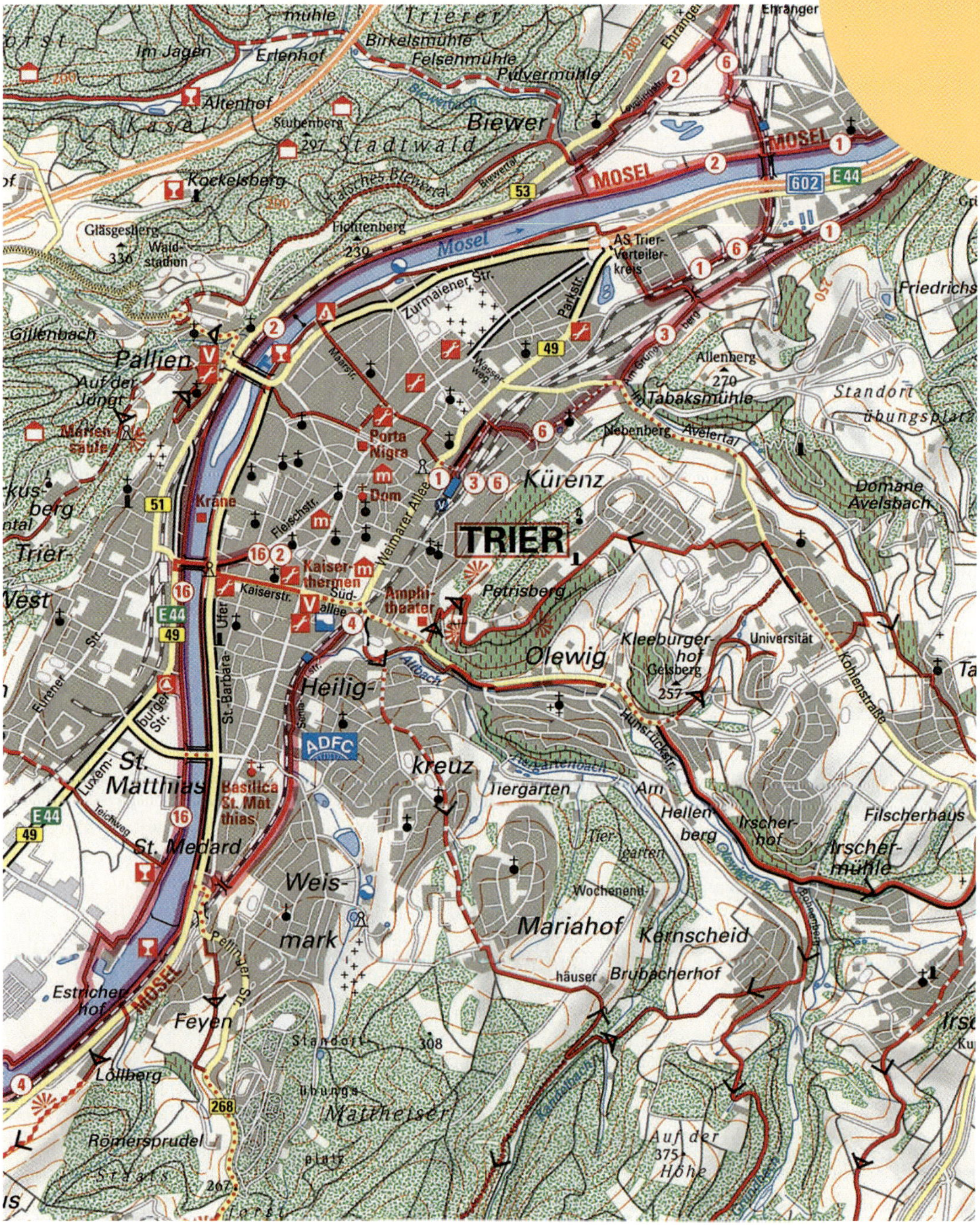

1 Beschreibe mit Hilfe der Karte die Lage der Stadt Trier.

2 Welche bedeutenden Bauwerke sind in Trier eingezeichnet?

DIE LEBENSWEISEN DER GALLIER UND GERMANEN ZUR ZEIT CAESARS

Caesar berichtet uns in seiner Schrift *Bellum Gallicum* einiges über die Lebensweise der Menschen in Germanien vor Ankunft der Römer. Im folgenden Text beschreibt er die Suebi (Schwaben):

Der Stamm der Sueben (Caesar)

Sueborum gens est longe maxima et bellicosissima Germanorum omnium. Hi centum pagos habere dicuntur, ex quibus quotannis singula milia armatorum bellandi causa ex finibus educunt. Reliqui, qui domi manserunt, se atque illos alunt. Hi rursus in vicem anno post in armis sunt, illi domi remanent. Sic neque agri cultura nec ratio atque usus belli intermittitur.

Sed privati ac separati agri apud eos nihil est, neque longius anno remanere uno in loco colendi causa licet. Neque multum frumento, sed maximam partem lacte atque pecore vivunt multumque sunt in venationibus.

Quae res et cibi genere et cotidiana exercitatione et libertate vitae, quod a pueris nullo officio aut disciplina adsuefacti nihil omnino contra voluntatem faciunt, et vires alit et immani corporum magnitudine homines efficit. Atque in eam consuetudinem se adduxerunt, ut locis frigidissimis neque vestitus praeter pelles habeant quicquam et laventur in fluminibus.

1 Suēbī, -ōrum m.: *Sueben* – longe *(beim Superlativ) bei weitem* – bellicōsus, -a, -um *(→ bellum, -ī n.): kriegerisch* | 2 centum: *hundert* – pāgus, -ī m.: *Gau; Dorf* – hī … habēre dicuntur: *„diese sollen … haben“* | 3 quotannīs *(Adv.) (→ annus, -i. m.): jährlich* – singula milia: *je tausend* – bellāre *(→ bellum, -ī n.): Krieg führen* | 4 ēdūcere, ēdūcō, ēdūxī, ēductum *(→ dūcere): herausziehen, hinausführen* | 5 alere, alō, aluī, altum: *nähren, ernähren* – in vicem *(Adv.): im Wechsel* – annō post = *proximō annō* | 6 remanēre, remaneō, remānsī, remānsum *(→ manēre): zurückbleiben* – neque … nec = *neque … neque* – agrī cultūra, -ae f.: *Ackerbau* – ratiō atque ūsus bellī: *Theorie und Praxis der Kriegsführung* | 7 intermittere, intermittō, intermīsī, intermissum *(→ mittere): unterbrechen* | 8 sēparātus, -a, -um: *abgesondert, getrennt* – nihil est: *es gibt keinen* – prīvātī ac sēparātī agrī: *von nihil abhängiger Gen. partitivus* | 9 multum *(adverbialer Akk.): viel, sehr* | 10 maximam partem *(adverbialer Akk.): zum größten Teil* – lac, lactis n.: *Milch* – pecus, pecoris n.: *Vieh, Kleinvieh* – vīvere *(beim Abl.): leben von, sich ernähren von* | 11 vēnātiō, -ōnis f.: *Jagd* | 12 cotīdiānus, -a, -um *(→ cotīdiē Adv.): täglich* – exercitātiō, -ōnis f. *(→ exercēre): Übung* – *Schließe die Ablative genere, cotīdiānā excitātiōne und lībertāte durch „verbunden mit“ an.* | 13 ā puerīs: *von Kindheit an* – adsuēfactus, -a, -um *(beim Abl.): gewöhn an* | 14 omnīnō *(Adv.): überhaupt, völlig* | 15 immānis, -e: *ungeheuer, riesig, gewaltig* – efficere: *erzeugen, hervor-*

germanische Bauernhöfe

Equestribus proeliis saepe ex equis desiliunt ac pedibus proeliantur, equos eodem remanere vestigio adsuefecerunt. Ad eos se celeriter, cum usus est, recipiunt. Neque eorum moribus turpius quicquam aut inertius habetur quam ephippiis uti. Itaque ad quemvis numerum ephippiatorum equitum quamvis pauci adire audent. Vinum omnino ad se importari non patiuntur, quod ea re ad laborem ferendum remollescere homines atque effeminari arbitrantur.

germanischer Krieger

1 **Wie wird die Lebensweise der Sueben beschrieben? Sammle die lateinischen Begriffe und lege eine Tabelle an, in der zwischen Eigenschaften, die einerseits die Kriegsführung und andererseits das zivile Leben betreffen, unterschieden wird.**

2 **Überlege, welche Lebensgewohnheiten für die Römer besonders verwunderlich waren.**

3 **Welche der beschriebenen Lebensgewohnheiten lassen sich mit Lebensgewohnheiten von heute vergleichen?**

4 ***bellandi causa*** **(Z. 3) – Erkläre die nd-Form und suche ein weiteres Beispiel aus dem Text.**

5 **Leite aus den Wörtern Z. 8 *Sed privati* bis Z. 18 *fluminibus* möglichst viele englische Wörter ab.**

bringen | 16 cōnsuētūdō, -inis f.: Gewohnheit – *Beziehe sē auf addūxērunt.* | 17 neque vestītūs … quicquam: *überhaupt keine Kleidung* – neque = *nōn* – vestītus, -ūs m. = vestīmenta, -ōrum n. | 2 *vestītūs: von quicquam abhängiger Gen. partitivus* – pellis, -is f.: *Fell* – lavāre, lavō, lāvī, lautum: *waschen, baden* | 19 equester, equestris, equestre (→ *equus, -ī m.*): *Reiter-, Ritter-* – dēsilīre, dēsiliō, dēsiluī: *herab-, (hinein)springen* | 20 proeliārī (→ *proelium, -ī n.*): *kämpfen* – vestīgium, -ī n.: *Fußstapfen, Fuß, Spur* – assuēfacere, assuēfaciō, assuēfēcī, assuēfactum: *an etw. gewöhnen* | 22 turpis, -e: *hässlich, schändlich* – iners, inertis: *ungeschickt, zaghaft, träge* | 23 ephippium, -ī n.: *Satteldecke* – ephippiātus, -a, -um : *auf gesatteltem Pferd reitend* | 24 eques, -itis m. (→ *equus, -ī m.*): *Reiter, Ritter* | 25 importāre: *einführen, herbeiführen* – patī, patior, passus sum: *erleiden, zulassen* | 26 remollēscere, remollēscō: *verweichlicht werden, die Kraft verlieren* – effēmināre (→ *fēmina, -ae f.*): *„zum Weibe machen", verweichlichen*

Rekonstruktion der Altburg

Das Stammesgebiet der Treverer (Caesar)

Haec civitas longe plurimum totius Galliae equitatu valet magnasque habet copias peditum Rhenumque, ut supra demonstravimus, tangit. In ea civitate duo de principatu inter se contendebant, Indutiomarus et Cingetorix; e quibus alter, simul atque de Caesaris legionumque adventu cognitum est, ad eum venit, se suosque omnes in officio futuros neque ab amicitia populi Romani defecturos confirmavit quaeque in Treveris gererentur ostendit.
At Indutiomarus equitatum peditatumque cogere, eisque, qui per aetatem in armis esse non poterant, in silvam Arduennam abditis bellum parare instituit.
Sed posteaquam nonnulli principes ex ea civitate et familiaritate Cingetorigis adducti et adventu nostri exercitus perterriti ad Caesarem venerunt et de suis privatim rebus ab eo petere coeperunt, Indutiomarus legatos ad Caesarem mittit: Sese ab suis discedere atque ad eum venire noluisse, ne omnis nobilitatis discessu plebs propter imprudentiam laberetur; itaque esse civitatem in sua potestate, seseque, si Caesar permitteret, ad eum in castra venturum, suas civitatisque fortunas eius fidei permissurum.

Caesar, ne aestatem in Treveris consumere cogeretur, Indutiomarum ad se cum CC obsidibus venire iussit. His adductis, in eis filio propinquisque eius omnibus, quos nominatim evocaverat, consolatus Indutiomarum hortatusque est, uti in officio maneret; nihilo tamen setius principibus Treverorum ad se convocatis hos singillatim Cingetorigi conciliavit, quod magni interesse arbitrabatur eius auctoritatem inter suos quam plurimum valere, cuius tam egregiam in se voluntatem perspexisset.

1 longē *(Adv.; beim Superlativ): bei weitem* | 2 equitātus, -ūs m. *(→ equus, -ī m.): Reiterei* – pedes, peditis m. *(→ pēs, pedis m.): Fußsoldat* | 4 tangere, tangō, tetigī, tāctum: *berühren* | 6 simul atque: *sobald* | 8 suī, suōrum m.: *die Seinen, seine Leute* – in officiō esse: *seiner Verpflichtung treu bleiben – ergänze zu futūrōs und defectūrōs: esse (Inf. Fut. Akt.)* | 9 cōnfirmāre *(→ firmāre): bekräftigen, versichern* | 10 quaeque = *et quae* – Trēverī, -ōrum m.: *die Treverer* | 11 peditātus, -ūs m.: *das Fußvolk* | 13 silva Arduenna: *die Ardennen* – abdere, abdō, abdidī, abditum (→ dare): *verbergen, verstecken* | 15 posteāquam = *postquam* | 16 familiāritās, -ātis f. (→ familiāris, -e): *Freundschaft, vertrauter Umgang* | 17 perterrēre, perterreō, perterruī, perterritum: *sehr erschrecken, einschüchtern* | 19 petere, petō, petīvī, petītum: *hier: eine Schutzzusage erbitten* | 20 sēsē: *verstärktes sē* | 21 discessus, -ūs m. *(→ discēdere, discēdō, discessī, discessum): Abzug, Trennung* – imprūdentia, -ae f. *(→ prūdēns, prūdentis): Unkenntnis, Unverständigkeit* – lābī, lābor, lāpsus sum: *gleiten, fallen, wankelmütig werden* | 25 *ergänze zu ventūrum und permissūrum: esse (Inf. Fut. Akt.)* | 27 aestātem cōnsūmere: *den Sommer verbringen* | 28 CC = 200 – obses, obsidis m/f.: *Geisel* | 30 nōminātim *(Adv.) (→ nōmen, -inis n.): namentlich* | 31 ēvocāre (→ vocāre): *herausrufen, vorladen* | 32 utī = *ut* – nihilō tamen sētius: *nichtsdestoweniger* | 34 singillātim *(Adv.) (→singulī, -ae, -a): einzeln* – conciliāre: *versöhnen* | 35 māgnī interesse: *von großer Wichtigkeit sein* | 36 quam *(beim Superlativ): möglichst* | 37 voluntās, -ātis f.: *Ergebenheit* – perspicere, perspiciō, perspexī, perspectum (→ spectāre): *durchschauen, erkennen*

Römer kommen – vieles ändert sich

1 Informiere dich über die oratio obliqua, die indirekte Rede im Lateinischen, mit Hilfe der Grammatik. Unterstreiche von *se* (Z. 8) bis *confirmavit* (Z. 9) die Hauptsätze und Subjekte der indirekten Rede. Welche lat. Form musst du ergänzen? Suche weitere Beispiele für die oratio obliqua im Text.

2 *futuros- defecturos*(Z. 8, 9) – Um welche Formen handelt es sich?

3 *His adductis* (Z. 30) – Um welche Form handelt es sich? Suche weitere Beispiele.

4 Wodurch zeichnen sich die Treverer besonders aus? Beachte auch die politischen Verhältnisse. Welche unterschiedlichen Standpunkte werden im Text genannt?

5 Wie war das Verhältnis zwischen den Treverern und den Römern? Suche Beispiele aus Caesars Text.

6 Überlege, wie die Treverer diese Sachverhalte dargestellt hätten.

Die Romanisierung im Rheinland

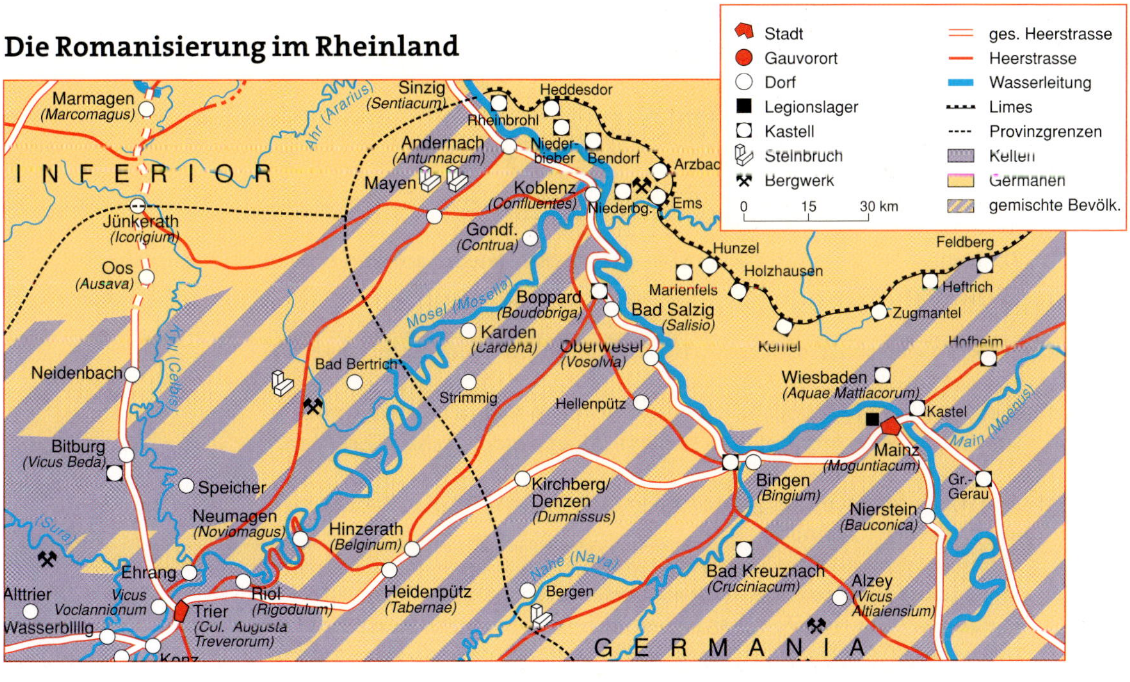

1 Wie waren die Bevölkerungsgruppen im Rhein – Mosel – Gebiet verteilt?

2 Welche Kulturleistungen haben die Römer in diese Region gebracht?

Römisches à la carte

Die Romanisierung machte sich aber auch auf „dem Teller" bemerkbar. Die Geschmäcker der einfachen Provinzbewohner verfeinerten sich zunehmend. Als Beispiel sei eine römische Speisekarte gezeigt nach dem Kochbuch des berühmten römischen Kochs Marcus Gavius Apicius.
In Trier kann man die Gerichte im Römischen Weinkeller am Hauptmarkt heute noch ausprobieren.

APICII COELII

Original Römische Gerichte
nach dem Kochbuch des MARCUS GAVIUS APICIUS

	Mulsum®	Apéritif der Römer (0,1l)
1.	**Mustea**	Weinbrötchen, römische Art
	Das Weinbrötchen wird auch zu den Vorspeisen und den Hauptgerichten gereicht	
GUSTATIONES		**Vorspeisen**
2.	**Tisana**	Graupensuppe
3.	**Hypotrimma**	Salat mit scharfer Käsesauce
4.	**Fabaciae virides**	grüne Bohnen
5.	**Lenticulae ex sfondylis**	Linsen mit Muscheln
MENSAE PRIMAE		**Hauptspeisen**
6.	**Cucurbitas et carotae frictas**	Gebratene Zucchinis und Möhren mit Aprikosen und Mandeln (rein vegetarische Kost)
7.	**Perna cum caricis**	Mit Myrte gekochter Schinken,Feigensauce
8.	**Pullus allecatus**	Huhn in Allecsauce
9.	**Piscis assus ius in pisce**	Gebratenes Fischfilet, Fischsauce
10.	**Agnus tarpeianus**	Lamm nach Tarpeianus
MENSAE SECUNDAE		**Nachspeisen**
11.	**Patina de piris**	Patina von Birnen (Auflauf)
12.	**Caseus caprinum cum uvae et mellae**	Schafskäse mit Trauben, Honig und gestoßenem Pfeffer
13.	**Apothermum**	Süßspeise aus Dinkel, Rosinen, Mandeln und Pinien

1 Stelle dir anhand der römischen Speisekarte ein Menu zusammen, das deinem Geschmack entsprechen könnte.

2 Wo kann man sonst noch römisch essen? Informiert euch im Internet.

3 Welche weiteren römischen Kochrezepte lassen sich im Internet finden? Sammle aus dem Internet verschiedene Bilder von römischen Gerichten.

4 Wie wurde im alten Rom gekocht? Versuche im Internet eine Küche und Küchengeräte aus antiker Zeit zu finden.

5 Stelle selbst eine Speisekarte für ein Schlemmerlokal zusammen. Welche Zutaten benötigst du für ein römisches Essen? Suche entsprechende Zutaten aus dem Internet (z. B. unter http://www.lateinforum.de). Erkundige dich, wo sie zu kaufen sind.

6 Gestalte eine Speisekarte auf unterschiedliche Art und Weise:
Nutze hierzu auch die Möglichkeiten des Computers, indem du eine virtuelle Speisekarte für die Lieblingsgerichte einer Römerin bzw. eines Römers entwirfst.

„Römischer" Baustil setzt sich durch (Charles-Marie Ternes)

Wandmalerei
römische Villa rustica

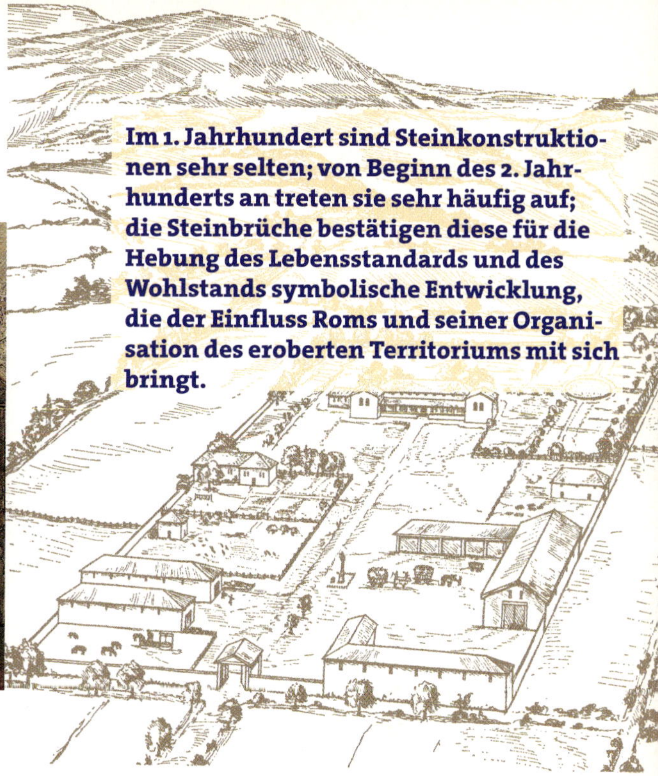

Im 1. Jahrhundert sind Steinkonstruktionen sehr selten; von Beginn des 2. Jahrhunderts an treten sie sehr häufig auf; die Steinbrüche bestätigen diese für die Hebung des Lebensstandards und des Wohlstands symbolische Entwicklung, die der Einfluss Roms und seiner Organisation des eroberten Territoriums mit sich bringt.

Romanisierung der Namen – Inschriften als Beweis

Auch in den Inschriften auf Grabsteinen, die im Rhein-Mosel-Gebiet gefunden wurden, lassen sich Romanisierungstendenzen ablesen:

Q(uinto) AELIO·EGRILIO·EVARETO·PHILOSOPHO·AMICO
SALV(i)·IVLIANI AELIA·TIMOCLIA VXOR·CVM FILI(i)S

(Fundort Wesseling; 2. Jh. n. Chr.)

AEMILIVS EPICTETVS SIVE HEDONIVS GRAMMATICVS GRAECVS
PRIMANIAE IANVARIAE CON(iugi) SANCTISSIMAE DEFVNCTAE
ET SIBI VIVVS FECIT

(Fundort Trier)

1 Übersetze die beiden Inschriften.

2 Welche Bezeichnungen deuten in den Inschriften auf kulturelle Weiterentwicklung in dem Gebiet hin?

1 Quīntus Aelius Egrilius Euaretus: *männlicher Eigenname* | 2 Salvius Iuliānus: *männlicher Eigenname* – Aelia Timoclia: *weiblicher Eigenname* – *ergänze: hoc mōnumentum faciendum cūrāvit* – cūrāre *(beim Gerundivum): etwas machen lassen* | 3 sīve: *oder* – Aemilius Epictetus sīve Hedonius: *männlicher Eigenname* – grammaticus, -ī m.: *Sprachlehrer* | 4 Primānia Ianuāria: *weiblicher Eigenname* – coniux, coniugis f./m.: *Ehefrau, Ehemann* – sānctus, -a, -um: *ehrwürdig, treu* – dēfūnctus, -a, -um: *verstorben* | 5 *Ergänze zu fēcit: hoc mōnumentum*

Versuche der „Grenzsicherung“ im Römischen Reich und der EU

Der obergermanische und rätische Limes im 2. Jahrhundert n. Chr.

Der Bau des Limes (Frontinus)

Der römische Offizier Frontinus (ca. 30–104 n. Chr.) berichtet in seiner Schrift *Strategemata* vom Bau des Limes unter dem römischen Kaiser Domitian (81–96 n. Chr.). Domitian wollte die Grenze gegen die Germanen sichern, die durch das untere Maintal immer wieder in Richtung Rhein vorstießen:

Imperator Caesar Domitianus Augustus, cum Germani more suo e saltibus et obscuris latebris subinde impugnarent nostros tutumque regressum in profunda silvarum haberent, limitibus per centum viginti milia passuum actis non mutavit tantum statum belli, sed et subiecit dicioni suae hostes, quorum refugia nudaverat.

1 Wie beurteilt der römische Offizier die Kampftaktik der Germanen?

2 Was bewirkt der Limesbau?

2 saltus, -ūs m.: *Schlucht, Waldtal* | 3 latebra, -ae f.: *Versteck* – subinde *(Adv.): von Zeit zu Zeit, wiederholt* – impūgnāre (→ pūgnāre): *angreifen, bekämpfen* | 4 regressus, -ūs m. : *Rückzug* – profundum, -ī n.: *Tiefe* | 5 silva, -ae f.: *Wald* | 6 centum vīgintī mīlia passuum: *120 Meilen (ca. 180 km)* – nōn … tantum, sed et = *nōn sōlum, sed etiam* – tantum *(Adv.): nur, so sehr* | 8 subicere, subiciō, subiēcī, subiectum *(→ iacere, iaciō, iēcī, iactum): unterwerfen* – diciō, -ōnis f. *(→ dīcere, dīcō, dīxī, dictum): Weisung, Befehl, Gewalt* – refugium, -ī n. *(→ fugere, fugiō, fūgī): Zufluchtsort* | 9 nūdāre: *entblößen, aufdecken*

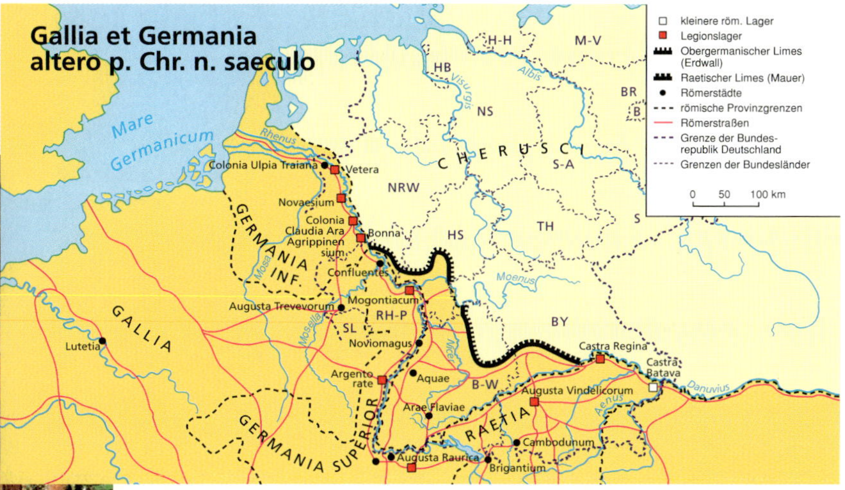

Römische Soldaten auf dem Marsch. Moderne Nachgestaltung

Abwehrmaßnahmen (Historia Augusta)

Auch spätere Kaiser mussten sich häufig um die Sicherung der Nordgrenze des Reiches bemühen. Die *Historia Augusta*, eine gegen Ende des 4. Jhs. n. Chr. entstandene Sammlung von Lebensbeschreibungen römischer Kaiser, berichtet von den Unternehmungen des römischen Kaisers Antoninus Pius (128–161 n. Chr.):

Emit et Germanorum auxilia contra Germanos. Omni praeterea diligentia paravit legiones ad Germanicum et Marcomannicum bellum; et, ne provincialibus esset molestus, auctionem rerum aulicarum fecit in foro divi Traiani, in qua praeter vestes et pocula et vasa aurea etiam signa cum tabulis magnorum artificum vendidit. Marcomannos in ipso transitu Danuvii delevit et praedam provincialibus reddidit.

1 Was sagt der Text über die Art und Weise der Grenzsicherung aus?

2 Wie finanziert Antonius Pius seine grenzsichernden Maßnahmen?

3 Vergleiche dies mit den Maßnahmen der EU, die in den folgenden Texten zum Ausdruck kommen.

1 emere, emō, ēmī, ēmptum: *kaufen* | 3 Marcomannī, -ōrum m.: *Markomannen (suebisches Volk zwischen Main und Donau)* – prōvinciālis, -is m. *(→ prōvincia, -ae f.): Provinzbewohner* – molestus, -a, -um: *beschwerlich, lästig* | 4 auctiō, -ōnis f. *(→ augēre, augeō, auxī, auctum): Versteigerung* – aulicus, -a, -um: *zum Kaiserhof gehörig* – dīvus, -a, -um *(→ dīvīnus, -a, -um): göttlich* | 5 pōculum, -ī n.: *Trinkbecher* – vās, vāsis n.: *Gefäß* | 6 aureus, -a, -um *(→ aurum, -ī n.): golden, aus Gold* | 2 signum, -ī n.: *Bild* – artifex, artificis m. *(→ artificium, -ī n.): Künstler* | 7 trānsitus, -ūs m. *(→ trānsīre, trānseō, transiī, transitum): Überschreiten* – Dānuvius, -ī m.: *Donau*

Gemeinschaftsregeln sollen die „Festung Europa“ abschirmen
(Hartmut Hausmann)

ABWEHRMENTALITÄT

Selbst wenn diese Vorschläge bald Rechtsgültigkeit erhalten sollten, ändern sie nichts daran, dass die EU-Ausländerpolitik überwiegend aus einer reinen Abwehrhaltung heraus definiert wird. Von der vom Ministerrat erst noch im vergangenen Jahr festgelegten Zielsetzung, eine „umfassende Migrationsstrategie zu entwickeln“, ist man noch weit entfernt. Im Vordergrund der Ratsarbeit in Brüssel steht deshalb das Bemühen, immer effektivere Kontrollmechanismen zu entwickeln, um die Festung Europa immer uneinnehmbarer zu machen.

Dazu soll das im Dezember 1998 beschlossene Bildspeicherungssystem Fado zur Prüfung der Authentizität von Dokumenten und die ständige Verstärkung der Kontrollen an den Außengrenzen ebenso dienen wie die Errichtung eines Frühwarnsystems gegenüber illegaler Einwanderung. Zur Abschreckung wird auch vor einer eindeutigen sozialen Benachteiligung und Diskriminierung von Drittstaatsangehörigen nicht Halt gemacht, wie jüngst eine Universitätsstudie nachgewiesen hat.

Die Restriktionen veranlassten die Parlamentarische Versammlung des Europarates im Januar dieses Jahres zu der besorgten Feststellung, dass immer mehr Regierungen ihre Einwanderungs- und Asylpraxis durch eine restriktive Auslegung des internationalen Rechts und die Definition des Flüchtlingsbegriffs drastisch eingeschränkt haben. Verstärkt werde diese Tendenz noch durch die intensiven Bemühungen der Europäischen Union, ihre Asylpolitik zu harmonisieren.

(aus: Das Parlament. [17.3.2000]: Ausländer in Europa, S. 2)

Anonyme Gräber bei Gibraltar
(François Campredon)

TÖDLICHE EINWANDERUNGSVERSUCHE SIND ALLTAG AN SPANIENS KÜSTE

ALGESIRAS – Für viele Armutsflüchtlinge aus Marokko endet der europäische Traum auf dem Friedhof im andalusischen Algesiras. Seit Jahresbeginn hat die Stadtverwaltung dort insgesamt 22 Leichen unbekannter illegaler Einwanderer aus Nordafrika beerdigt, die die südspanische Küstenwacht aus den Gewässern der Meerenge von Gibraltar fischte. Diese Einzelschicksale erregen zwar international weniger Aufsehen als der Horrorfund von 58 Leichen chinesischer Asylsuchender in einem Lastwagen im britischen Hafen Dover. Für die Regierung in Madrid ist die heimliche Einwanderung dennoch „Spaniens Problem Nummer eins zu Beginn des 21. Jahrhunderts“.

(...)

Auf dem jüngsten EU-Gipfel im portugiesischen Feira forderte Ministerpräsident José María Aznar seine Partner zu Sofortmaßnahmen gegen illegale Einwanderung und Schlepperbanden auf. Seit Jahresbeginn wurden mehr als 4200 heimliche Flüchtlinge in Spanien aufgegriffen, doppelt so viele wie im gleichen Vorjahreszeitraum. Etwa 90 Prozent waren Marokkaner. Sie versuchen, in kleinen Holzbooten mit schwachen Außenbordmotoren die Meerenge zu überqueren.

(...)

Madrid will nun an der südspanischen Küste ein umgerechnet 360 Millionen Mark teures Beobachtungssystem einrichten. Das sollen die EU-Partner mitfinanzieren. Diese aber winken bislang ab. AFP

(aus: Die Welt, 24.6.2000)

Jugendliche verschiedener Nationalitäten im Jugendzentrum Frankfurt-Griesheim

Die Grenzen des europäischen Kontinents bleiben umstritten
(Horst Keller)

WERTE STATT GRENZEN

Taugt überhaupt noch das klassische geografische Modell und ist es überhaupt sinnvoll, die Diskussion auf die geografischen Grenzen zu reduzieren? Man sucht da ja nach wie vor vergebens nach einer verbindlichen Definition für dieses Europa. Wenn man die Landkarte zu Rate zieht, ist es streng genommen nur ein Anhängsel Asiens und gehört zur asiatischen Landmasse. Sein östlicher Rand ist und war aber nie klar gezeichnet. Der Ural ist seit eh und je eine eher willkürliche Grenzziehung der Europäer gewesen, um eine Trennungslinie gegenüber „Asien“ zu markieren.

Sind da nicht die gemeinsame kulturelle Identität, die Anerkennung der drei Grundprinzipien des Europarats – Menschenrechte, Demokratie und Rechtsstaatlichkeit – die besseren Ansätze für die Standortbestimmung, was eigentlich Europa, was eigentlich europäisch ist? Also: Werte statt Grenzen.

DAS „MARE NOSTRUM“

Wären da nicht auch historische „Anleihen“ bei den Griechen und Römern äußerst sinnvoll und nützlich? Und auch eine Betrachtung der Abgrenzung und Verbindung des Kontinents nicht nur nach Osten, sondern auch in anderen Himmelsrichtungen?

(...)

Das „Mare Nostrum“ ist eine Erfindung der Römer und schloss die Regionen auf der anderen – afrikanischen wie asiatischen – Seite des Mittelmeers fest in ihr politisches, kulturelles und wirtschaftliches Konzept ein, lange bevor sich Cäsar aufmachte, um Gallien und Germanien zu erobern.

(aus: Das Parlament (17.3.2000). Ausländer in Europa, S. 3)

Was noch zu sehen ist

Denkmäler der Stadt Trier

Barbarathermen

ANTE ROMAM
TREVERIS STETIT
ANNIS MILLE TRESCENTIS·
PERSTET ET AETERNA
PACE FRUATUR·AMEN·

Diese Inschrift befindet sich an der Giebelwand des sogenannten „Roten Hauses“, einem 1684 errichteten Anbau an das Ratsweinhaus direkt am Trierer Hauptmarkt.

Konstantinbasilika

Amphitheater

Römerbrücke

1 Übersetze die Inschrift.

2 Wann müsste Trier also gegründet worden sein, wenn man den Inhalt der Inschrift wörtlich nimmt?

3 Welche beiden Städte vergleicht der anonyme Dichter und was will er durch diesen Vergleich ausdrücken?

4 Die folgenden Arbeitsblätter bieten euch die Möglichkeit, sozusagen aus der Ferne einen ersten Blick auf besonders eindrucksvolle römische Monumente der Stadt Trier zu werfen. Versuche die Arbeitsblätter nach den vorgegebenen Beispielen zu bearbeiten. Informationen zu den Denkmälern findest du in jedem größeren Lexikon oder im Internet unter http://www.trier.de/index.htm.

| 3 mille: *tausend* – tre(s)centī, -ae, -a: *dreihundert* | 4 perstāre, perstō, perstitī: *ausdauern, fortdauern, beharren* – aeternus, -a, -um: *ewig*

Arbeitsblatt zur Porta Nigra

1 Warum wird das Gebäude heute als Porta Nigra bezeichnet?
(Tipp: Übersetze den Namen!)

Porta Nigra bedeutet „Schwarzes Tor". Diese Bezeichnung ist mittelalterlich und aufgrund der schwarzen Färbung des Steins entstanden.

2 Welche Funktion hatte die Porta Nigra im Rahmen der römischen Stadtarchitektur?

Die Porta Nigra gehörte als Stadttor zur Befestigungsanlage der Stadt. Sie ist übrigens das besterhaltene römische Stadttor nördlich der Alpen.

Die Porta Nigra, von Süden gesehen

Die Porta Nigra als Kirche

3 Beschreibe die Fassade der Porta Nigra anhand der Fotos.

....

....

....

4 Überlege, warum die Porta Nigra als einziges Stadttor so gut erhalten ist.

....

5 Welche Seite des Monuments war der Stadt und welche dem Land zugewandt?

....

....

....

6 Wann ist die Porta Nigra ungefähr erbaut worden?

....

Die Porta Nigra, von Norden gesehen

Entwerfe für deine Mitschülerinnen und Mitschüler eigenständig ähnliche Arbeitsblätter zu den Barbarathermen, der Konstantinsbasilika, dem Amphitheater und der Römerbrücke.

Die Kaiserthermen, Außenansicht von Nordosten

Arbeitsblatt zu den Kaiserthermen

1 Was war die Funktion einer antiken Thermenanlage?

2 Wie heißen die Hauptabteilungen einer römischen Thermenanlage? In welcher Reihenfolge besuchte man diese Abteilungen?

3 Beschreibe den unten angegebenen Grundriss der Kaiserthermen. Versuche auch herauszufinden, wo die Hauptabteilungen römischer Thermen in den Trierer Kaiserthermen lagen.

4 Wann wurden die Trierer Kaiserthermen erbaut?

5 Warum wurden sie in der zweiten Hälfte des 4. Jhs. n. Chr. umgebaut?

6 Versuche die auf dem Foto sichtbaren Reste der Thermen in den Grundriss einzuordnen.

7 Überlege, warum die Thermenanlage im Verhältnis zur Porta Nigra trotz ihres repräsentativen Charakters relativ schlecht erhalten ist.

Plan der Kaiserthermen: Gesamtanlage (Erdgeschoss)

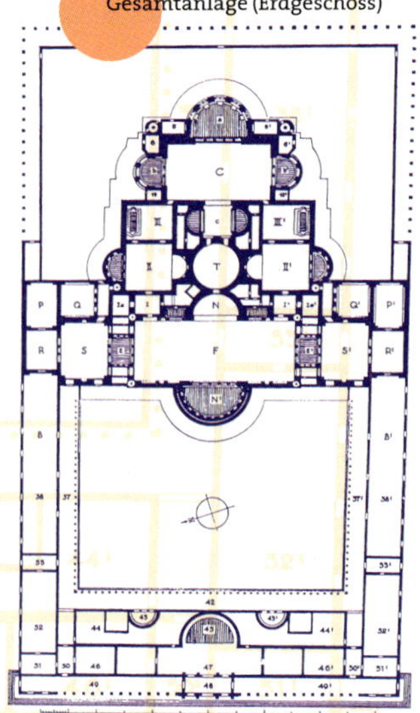

Kometen Götter Katastrophen

Wie funkensprühende Kugeln können sie aussehen oder einen langen Feuerschweif nach sich ziehen: Plötzlich auftretende, außergewöhnliche Lichtquellen am Himmel faszinieren oder erschrecken die Menschen.
Über 400 Stunden seines Lebens hatte Thomas Bopp schon vergeblich den Himmel beobachtet, bis er am 22. Juni 1996 gegen 23 Uhr nachts mit einem winzigen Teleskop einen neuen Kometen entdeckte: „... jetzt plötzlich, als ich nicht nach einem suchte, wird mir einer in den Schoß geworfen ... Das war der aufregendste Moment meines Lebens."
Der Komet Hale-Bopp erregte noch einige Zeit weltweit Aufsehen, bis er auf seiner Bahn wieder für einige Tausend Jahre aus dem Blickfeld der Menschen verschwand.
Was aber, wenn sich die Lichterscheinungen bedrohlich der Erde nähern? Wenn tonnenschwere Kometen- oder Meteoritenteile mit Geschwindigkeiten von 20 km/sec auf die Erde aufprallen? Sind die faszinierenden Lichtspiele am Abendhimmel doch eher Vorzeichen unvorstellbarer Katastrophen oder warnende Zeichen der Götter?
Dokumentiert z. B. die biblische Sintflutgeschichte den Glauben des Volks Israel oder ist sie eher eine Art vorgeschichtlicher Katastrophenbericht?

Die Sintflut-geschichte (Vulgata[1])

Videns autem Deus, quod multa malitia hominum esset in terra et cuncta cogitatio cordis intenta esset ad malum omni tempore, poenituit eum, quod hominem fecisset in terra.
„Delebo“, inquit „hominem, quem creavi, a facie terrae, ab homine usque ad animantia, a reptili usque ad volucres caeli. Poenitet enim me fecisse eos.“
Noe vero invenit gratiam coram Domino.
Dixit Dominus ad eum: „Ingredere tu et omnis domus tua in arcam: te enim vidi iustum coram me in generatione hac. Ex omnibus animantibus mundis tolle septena et septena, masculinum et femininam: de animantibus vero immundis duo et duo, masculinum et femininam. Sed et de volatilibus caeli septena et septena, masculinum et femininam, ut salvetur semen super faciem universae terrae. Adhuc enim et post dies septem ego pluam super terram quadraginta diebus et quadraginta noctibus, et delebo omnem substantiam, quam feci, de superficie terrae.“
Fecit ergo Noe omnia, quae mandaverat ei Dominus. Et inclusit eum Dominus deforis.
Cum transissent septem dies, aquae diluvii inundaverunt super terram. Et facta est pluvia super terram quadraginta diebus et quadraginta noctibus. Et multiplicatae sunt aquae, et elevaverunt arcam sublime a terra. Et cuncta, in quibus spiraculum vitae est in terra, mortua sunt. Et delevit omnem substantiam, quae erat super terram, ab homine usque ad pecus, tam reptile quam volucres caeli: et deleta sunt de terra. Remansit autem solus Noe et qui cum eo erant in arca. Cum transissent quadraginta dies, prohibitae sunt pluviae de caelo. Reversae sunt aquae de

Der Komet Hale-Bopp über Gaissach (Oberbayern), 1997

1 quod *(beim Konj.) steht an Stelle eines AcI* | 2 malitia , -ae f.: *Bosheit, Hinterlist* | 3 cōgitātiō, -ōnis f: *Denken, Plan, Vorhaben* – cor, cordis n.: *Herz, Verstand* – intentus, -a, -um: *gerichtet, gespannt* | 5 poenitet = paenitet, paenituit: *(unpersönlich) es beunruhigt, es reut* | 8 faciēs, faciēī f.: *Gestalt, Aussehen, Gesicht* | 9 animāns, animantis m.lf.: *Lebewesen* | 10 rēptile, -is n.: *Kriechtier* – volucer, -cris f.: *Vogel* | 12 Noe m.: *Noah* – coram *(Präp. beim Abl.): in Gegenwart von, vor* | 16 arca, -ae f.: *Arche* | 17 generātiō, -ōnis f: *Generation* | 18 mundus, -a, -um.: *rein, sauber* | 19 septēnī, -ae, -a: *je sieben* – masculīnus, -a, -um: *männlich* | 20 fēminīnus, -a, -um: *weiblich* | 21 immundus, -a, -um: *unrein, unsauber* | 23 volātilis, -e: *geflügelt* | 25 sēmen, sēminis n.: *Samen* | 28 pluere, pluō, plūvī: *regnen lassen* – quadrāgintā: *vierzig* | 30 substantia, -ae f.: *Wesen, Substanz* | 31 superficiēs, -ēī f.: *Oberfläche* | 33 inclūdere, inclūdō, inclūsī, inclūsum *(→ claudere): einschließen, verschließen* | 34 dēforīs *(Adv.): von außen* | 36 dīluvium, -ī n.: *Sintflut* – inundāre: *überschwemmen* | 37 pluvia, -ae f.: *Regen* | 39 multiplicāre: *vermehren, vervielfältigen* | 40 ēlevāre: *emporheben* | 41 sublīme *(Adv.): in die Höhe* | 42 spīrāculum, -ī n.: *Luft, Atem* | 46 pecus, pecoris n.: *Vieh* | 47 remanēre, remaneō, remānsī, remānsum *(→ manēre): zurückbleiben* | 53 Aperiens Noe fenestram arcae …: *Hier ist sinngemäß zu ergänzen: „Da wartete Noah sieben Tage;“* – fenestra, -ae f.: *Fenster* – ēmittere, ēmittō, ēmīsī, ēmissum: *aussenden, wegschicken* – „Emisit columbam,

Der Komet Hyakutake am 17. 4. 1996

terra. Aperiens Noe fenestram arcae, emisit columbam, ut videret, si iam cessassent aquae. Quae cum non invenisset, ubi requiesceret pes eius, reversa est ad eum in arcam: aquae enim erant super universam terram.

Exspectatis autem ultra septem diebus aliis rursum dimisit columbam ex arca. At illa venit ad eum ad vesperam portans ramum olivae virentibus foliis in ore suo. Intellexit ergo Noe, quod cessassent aquae super terram. Exspectavitque nihilominus septem alios dies, et emisit columbam, quae non est reversa ultra ad eum. Et aperiens Noe tectum arcae aspexit viditque, quod exsiccata esset superficies terrae. Locutus est autem Deus ad Noe dicens: „Egredere de arca, tu et uxor tua, filii tui et uxores filiorum tuorum tecum! Cuncta animantia, quae sunt apud te, ex omne carne, tam in volatilibus quam in bestiis et universis reptilibus, quae reptant super terram, educ tecum et ingredimini super terram; crescite et multiplicamini super eam!“ Egressus est ergo Noe et filii eius, uxor illius et uxores filiorum eius cum eo. Sed et omnia animantia, iumenta et reptilia, quae reptant super terram, secundum genus suum, egressa sunt de arca.

Aedificavit autem Noe altare Domino et tollens de cunctis pecoribus et volucribus mundis obtulit holocausta super altare. Odoratusque est Dominus odorem suavitatis et ait: „Nequaquam ultra maledicam terrae propter homines! Sensus enim et cogitatio humani cordis in malum prona sunt ab adulescentia sua; non igitur ultra percutiam omnem animam viventem, sicut feci. Cunctis diebus terrae sementis et messis, frigus et aestus, aestas et hiems, nox et dies non requiescent.“ Dixitque Deus: „Hoc signum foederis, quod do inter me et vos et ad omnem animam viventem, quae est vobiscum in generationes sempiternas: arcum

ut …“, *nur so ist die Bemerkung in Zeile 58 zu erklären:* „exspectatis autem ultra septem diebus aliis“; *„nachdem er aber nochmals sieben weitere Tage gewartet hatte.“* – columba, -ae f.: *Taube* | 54 cessāre: *nachlassen* | 55 requiēscere, requiēscō, requiēvī, requiētum: *ruhen* | 58 ultrā *(Adv.): weiterhin, darüber hinaus* | 59 rursum *(Adv.)* = rursus | 60 vespera, -ae f.: *Abend* – rāmus, -ī m.: *Zweig* – olīva, -ae f.: *Ölbaum, Olivenbaum* – virēns, virentis: *grünend, grün* | 61 folium, -ī n.: *Blatt* – ōs, ōris n.: *Mund, Maul, Schnabel* | 63 nihilōminus *(Adv.): nichtsdestoweniger, trotzdem* | 66 exsiccāre: *austrocknen* | 68 ēgredī, ēgredior, ēgressus sum: *hinausgehen, verlassen* | 70 carō, carnis f.: *Fleisch* | 72 reptāre: *kriechen* – ēdūcere, ēdūcō, ēdūxī, ēductum *(› dūcere): herausziehen, hinausführen* | 76 iūmentum, -ī n.: *Zug-, Lasttier* | 77 secundum *(Präp. beim Akk.): gemäß, nach* | 79 altāre, altāris n.: *Altar, Opfertisch* | 80 mundus, -a, -um: *rein, sauber* | 81 holocaustum, -ī n.: Brandopfer – odorārī: *riechen* | 82 odor, odōris m.: *Geruch, Duft* – suāvitās, -ātis f.: *Lieblichkeit* – nēquāquam *(Adv.): keineswegs* | 83 ultrā *hier: länger* – maledīcere, maledīcō, maledīxī, maledictum: *verfluchen* | 84 sēnsus, -ūs, m.: *Sinn, Empfinden* | 85 prōnus, -a, -um: *gerichtet, geneigt, gewogen* | 86 percutere, percutiō, percussī, percussum: *schlagen, stoßen* | 87 sementis, -is f.: *Saat, Aussaat* | 88 messis,-is f.: *Ernte* – frīgus, frīgoris n.: *Kälte, Frost* – aestus, -ūs m.: *Hitze, Sommer* | 90 foedus, foederis n.: Bündnis, Vertrag | 92 sempiternus, -a, -um: ewig, immerwährend –

meum ponam in nubibus, et erit signum foederis inter me et inter terram. Cumque obduxero nubibus caelum, apparebit arcus meus in nubibus, et recordabor foederis mei vobiscum et cum omni anima vivente, quae carnem vegetat, et non erunt ultra aquae diluvii ad delendum universam carnem. Eritque arcus in nubibus et videbo illum, et recordabor foederis sempiterni, quod pactum est inter Deum et omnem animam viventem universae carnis, quae est super terram."
Dixitque Deus ad Noe: „Hoc erit signum foederis, quod constitui inter me et omnem carnem super terram." Erant ergo filii Noe, qui egressi sunt de arca: Sem, Cham et Iaphet. Porro Cham ipse est pater Chanaan. Tres isti filii sunt Noe, et ab his disseminatum est omne genus hominum super universam terram.
Coepitque Noe vir agricola exercere terram et plantavit vineam.

1 Die theologische Quellenforschung ist zu dem Ergebnis gekommen, dass der hebräische Text der alttestamentlichen Sintfluterzählung aus zwei verschiedenen Quellen besteht: der Erzählung des „Jahwisten" (J, entstanden um 900 v. Chr.) und der Priesterschrift (P, entstanden um 500 v. Chr.); ein Redaktor hat beide Erzählungen verarbeitet zu der uns heute im Alten Testament vorliegenden Form. Bei dieser Bearbeitung sind offensichtlich manche Elemente der Erzählung doppelt erwähnt (z. B. die Entwicklung der Flut oder die Vernichtung der Lebewesen) und widersprüchliche Zahlenangaben gemacht worden.
Um entsprechende Verwirrung zu vermeiden, liegt der folgenden Textwiedergabe die jahwistische Erzählung (J) zu Grunde, die sich heute nahezu vollständig rekonstruieren lässt.

Matthäus Merian: Die Sintflut. 1625/27

Auf Anordnung von Papst Damasus I. übersetzte Eusebius Hieronymus (347–419 n. Chr.) die bis dahin nur in hebräischer, aramäischer und griechischer Sprache vorliegenden Bücher der Bibel ins Lateinische. Diese Übersetzung ist bis heute die allgemeine (vulgare „unter das Volk bringen") Grundlage des katholischen Glaubens geblieben, wenn auch immer noch an Verbesserungen gearbeitet wird. Martin Luther (1483–1546) übersetzte die Bibel ins Deutsche. Seine Übersetzung ist, abgesehen von einigen Überarbeitungen, bis heute allgemeine Grundlage der protestantischen Kirchen.

arcus, -ūs m.: *Bogen* | 93 nūbēs, nūbis f.: *Wolke* | 94 obdūcere, obdūcō, obdūxī, obductum: *überziehen, bedecken* | 96 recordārī: *sich erinnern* | 97 vegetāre: *beleben* | 101 pactum, -ī n.: *Vertrag, Übereinkunft* | 107 Sem: *Sem (männl. bibl. Eigenname → semitische Sprachen)* – Cham: *Cham (männl. bibl. Eigenname)* – Iaphet: *Japhet (männl. bibl. Eigenname)* – porrō (Adv.): *weiter, weiterhin; ferner* | 108 Chanaan: *Kanaan (Name Palästinas vor Einwanderung der Israeliten)* | 109 dissēmināre: *aussäen, verbreiten* | 111 agricola, -ae m.: *Bauer, Landmann* | 112 plantāre: *pflanzen* – vinea, -ae f.: *Weinberg*

Francesco Bassano: Die Arche Noah. (16. Jh.)

1 Welche Personen kommen in diesem Text vor? Welche Handlungen kannst du ihnen zuordnen?

2 Gliedere den Text in sinnvolle Abschnitte und finde für jeden eine passende Überschrift.

3 Suche aus dem Text alle Imperativformen heraus und ordne sie nach Konjugationen.

4 Erkläre die Form *cessassent* (Z. 54).

5 *ad delendum universam carnem* Z. 98/99. Um welche Form handelt es sich bei *delendum*?

6 Informiere dich über die „innerliche Abhängigkeit" mit Hilfe einer Grammatik (z. B. video, S. 51, 89/90). Erkläre dann die Konjunktive in Zeile 2 und 4 und suche ein weiteres Beispiel aus dem Text.

7 Stelle alle Tiernamen aus dem Text zusammen. Welche weiteren kennst du?

8 Welche Gründe für die Katastrophe werden im Text genannt?

9 Wodurch wird der Fortbestand der Menschheit bzw. der Schöpfung gesichert?

10 Erläutere das Verhalten des Gottes vor, während und nach der Katastrophe. Wie wird der Gott Israels dargestellt?

11 Wenn Regenbogen zu sehen ist, schauen die Menschen fasziniert zum Himmel. Wie erklärte man sich vor 3000 Jahren dieses Naturphänomen? Wie ist unsere Erklärung heute?

12 Suche im Internet oder im Telefonbuch nach Vereinen, die sich den Namen „Arche" gegeben haben. Welche Gründe könnten für die Wahl dieses Namens ausschlaggebend gewesen sein?

13 Versucht, die Szenen des Textes bildlich darzustellen oder sucht im Internet nach Abbildungen.

14 Vergleicht die Zustände, die der Bibeltext beschreibt, mit den von A. und E. Tollmann angenommenen Phasen der Kometen-Katastrophe und dem Zeitungsbericht S. 56.

Ein Komet – Ursache der Sintflut

(Alexander Tollmann)

Vor etwa 50 000 Jahren schlug ein Eisenmeteorit von vielleicht 50 m Durchmesser in das Sandsteinplateau in Arizona ein. Die dabei verursachte Explosion riss einen Krater von rund 1200 m Durchmesser in das Gestein. Die Tiefe beträgt heute noch 180 m.

Barringer-Krater, Arizona

Geologische Zeugnisse und Mythen geben uns Kunde über Einzelheiten der irdischen Ereignisse beim Einschlag eines ansehnlichen Kometen auf die Erde. Dabei ablaufende Vorgänge wurden von den Menschen selbst als „Augenzeugen“ mit überraschend vielen Einzelheiten beschrieben. Die Synthese aus einem halben Dutzend geologischer Beweise und einer Fülle von über tausend Sintflutmythen der Völker bietet unvergleichbar mehr Einblick in dieses schauerliche Szenarium, als wenn man es selbst miterlebt hätte.

Wodurch war erst heute die Lösung des Rätsel möglich?

Erst in neuester Zeit erzielten die Geologen A. und E. Tollmann einen Durchbruch bei diesem Thema, indem sie breit interdisziplinär das relevante Material aus vielen Wissenschaften zusammentrugen und zugleich neben der Fülle an vorhandenen Materialien aus Mythologie, Völkerkunde und Archäologie die brandneuen entscheidenden Ergebnisse der Geologie und Astronomie in den Kreis der Betrachtungen einbezogen.

Zum Ausmaß kosmischer Einschläge auf der Erde

Der Einschlag eines kosmischen Körpers auf einen bewohnten Planeten ist ein infernalisches Ereignis. Die Erde ist in der gesamten Zeit ihres Daseins diesem Bombardement aus dem All ausgesetzt. Dabei änderten sich im Laufe der Zeit die Intensität sowie die Größe der Impaktoren und damit die Auswirkungen auf unseren Planeten.

Der jüngste bedeutende Einschlag – der Sintflut-Impakt

Der letzte gewaltige Impakt erfolgte in der Mittelsteinzeit, also vor der historischen, durch die schriftliche Aufzeichnungen belegten Ära, jedoch bereits in einem Zeitraum, in den das menschliche Wissen durch mündliche Überlieferungen, Mythen und Traditionen zurückreicht. Dieses schwerste dramatische Erlebnis der Menschheit ist in vielen Einzelheiten rund um die Erde bei fast allen Völkerstämmen in Erinnerung geblieben und wird heute als „Sintflut“-Ereignis bezeichnet.

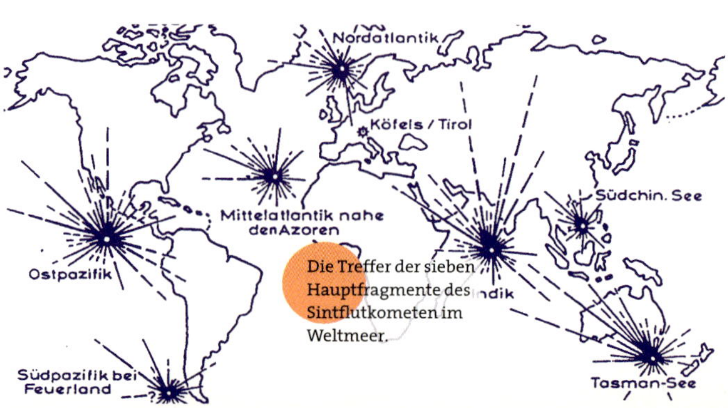

Die Treffer der sieben Hauptfragmente des Sintflutkometen im Weltmeer.

Zum Ablauf des Ereignisses

Ursache der Sintflut-Katastrophe: Verursacher des Desasters war nach vielen „Augenzeugen"-Berichten ein Komet mit langem Schweif, der bei seiner Annäherung an die Erde bereits in sieben Haupttrümmer und eine große Anzahl kleinerer Splitter zerbrochen war.

Die Größe des Impaktors lässt sich aus drei Merkmalen ermitteln: Der gesteigerte Vulkanismus, das weltweite Aussterben von Tierarten (Mammut) und eine einwöchige Impaktnacht sowie ein mehrjähriger Impaktwinter sprechen allesamt für einen Kometen (Fragment) mit einem Durchmesser von über 3 Kilometer.

Mittels genannter Methoden fand man heraus, dass sich der gewaltige Kometeneinschlag vor 9545 Jahren – mit einer Fehlergrenze von etlichen Jahren – ereignet haben muss.
Die Auswirkung der Einschläge: Der Einschlag des Kometen hatte infolge seiner großen Geschwindigkeit (60 km/s) und der damit verbundenen hohen Energie auf der Erde verheerende Folgen. Es entstanden etwa ein Dutzend Folgekatastrophen, die sich im Abstand von Stunden, Tagen und Wochen ereigneten. Sie wurden durch ein Weltbeben gigantischen Ausmaßes eingeleitet. Daran schloss sich ein Explosions-Hitzesturm („Taifun"), der mit mehreren hundert Grad und einer Geschwindigkeit von 1200 km/h abschwellend die Erde mehrmals umrundete. Rasch entstanden Ausbrüche der tätigen Vulkane an der Westseite Amerikas. Feuersturm und glühende Explosionstrümmer lösten in wenigen Stunden einen Weltbrand aus, durch den große Teile der Kontinente in Flammen standen und der teilweise über 1500 °C Hitze entwickelte, sodass die Flüsse austrockneten und sogar Erzadern schmolzen.
Erst danach erreichte die Flutwelle, die sich beim Einschlag von Fragmenten in die Weltmeere erhob, in vielen Erdteilen das Landesinnere. Häufig traf sie kochend heiß ein. Ihre Höhe entsprach etwa der entstandenen Tiefe des Weltmeeres an der Einschlagstelle des Impaktors: in der Tasmansee erreichte sie z. B. 200 m, im Indischen Ozean 3000 m. Vom Ostpazifik aus überwältigte die Flutwelle die nordamerikanische Küstenkordillere und stürzte in die dahinterliegenden Becken und Ebenen ab. Jedoch wurde nicht die gesamte Erdoberfläche von dieser Woge erreicht. Das Land hinter hohen Gebirgen blieb meist verschont (Mitteleuropa, Zentralasien, Südamerika). Trotzdem erreichte der Schrecken des siedenden Wassers auch diese Regionen, vor allem durch die Flutregen, die vom Himmel kamen und tagelang die in die Atmosphäre ausgeschleuderten Wassermassen auf die Erdoberfläche zurückbrachten.
Gewaltig war auch die lange anhaltende Umweltvergiftung. Durch die Energiezufuhr der glühenden Kometentrümmer in der Erdatmosphäre wurden Stickoxidgase synthetisiert, die zusammen mit dem Wasserdampf Salpetersäureregen ergaben, über die viele Mythen als ätzenden rotbraunen „Blutregen" berichten. Weitere Giftmassen entwickelten sich in der Atmosphäre durch den Weltenbrand (Pyroxin, Dioxin). Hinzu kamen riesige Mengen von Salz- und Schwefelsäure, die durch Energiezufuhr aus den Ingredienzien des Meerwasser entstanden.
Verderblich wirkte sich ferner die exorbitante Erhöhung der Strahlung aus dem All aus, die durch die Vernichtung der Ozonschicht (durch die Stickstoffoxidsynthese) erhöht auf die Erde traf und ferner der Anstieg der Radioaktivität durch Steigerung der Radiokarbon – (C-14) – Gasproduktion. Diese Vorgänge lassen sich an den entsprechenden Jahresringen der dendrochronologisch untersuchten Hölzer nachweisen. Weltweit wird in den Mythen auf die biologischen Folgen dieser Vergiftungen und Verstrahlung eingegangen, indem über die vielen Missgeburten mit „Halbkörpern" mit je einem Arm, einem Bein und einem zentralen Stirnauge berichtet wird.
Für das Leben insgesamt bedeutete diese Kette von Katastrophen ein Massensterben, das einerseits die Individuenzahl drastisch reduzierte, aber auch Arten, wie z. B. das Mammut, von der Erde verschwinden ließ.

(aus: Astronomie + Raumfahrt 33 (1996) 6, S. 12 ff.)

Dinosaurier
Tod im Säureregen?

Szene aus dem Trickfilm „Dinosaur" USA, 2000

Neue Theorie: Eine chemische Reaktion wurde ihnen zum Verhängnis

AP San Francisco – Das Aussterben der Dinosaurier vor 65 Millionen Jahren könnte nach neuesten Erkenntnissen durch eine tödliche chemische Reaktion in der Atmosphäre verursacht worden sein. Darauf deuten neue Studien am Chicxulub-Meteoritenkrater auf der Yucatan-Halbinsel in Mexiko hin, wie Forscher bei der Herbsttagung der Amerikanischen Geophysikalischen Vereinigung am Sonntag berichteten.

Seit den 80-er Jahren gehen Forscher davon aus, dass der Chicxulub-Krater, der durch den Einschlag eines Meteoriten am Ende der Kreidezeit entstand, den entscheidenden Hinweis dafür liefert, warum die Dinosaurier und zahlreiche andere Lebewesen auf der Erde ausgestorben sind. Der kosmische Einschlag löste demzufolge eine weltweite Umweltkatastrophe aus. So wurde angenommen, dass der aufgewirbelte Staub den Himmel jahrelang verdunkelte und kein Sonnenlicht mehr durchließ. Der Chicxulub-Krater, der erst in den 70-er Jahren beim Bohren nach Öl entdeckt wurde, gilt als einer der am besten erhaltenen Beweisorte für eine erdumfassende Naturkatastrophe. Neue Bohrungen an dem riesigen Krater belegten nun das Vorhandensein von Carbonat- und Sulfatgestein, wie Virgil Sharpton vom Geophysikalischen Institut der Universität von Alaska berichtete. Einer neuen Theorie zufolge könnten diese beim Einschlag des Meteoriten unter enormem Druck verdampft sein – ein Prozess, der dann eine chemische Reaktion ausgelöst haben könnte, bei der Schwefel und Kohlendioxid freigesetzt wurden. Die giftigen Schwefelverbindungen könnten nach Ansicht Sharptons mehrere Jahrzehnte lang in der Atmosphäre vorhanden gewesen sein. Gelöst in Wasser entstand so wahrscheinlich eine ätzende Säure. Demzufolge sei es gut möglich, dass die Dinosaurier entweder erstickt oder am Säureregen gestorben sind.

(aus: Berliner Morgenpost [19.12.2000], S.8)
http://ucaswww.mcm.uc.edu/geology/huff/Chicxulub.html

... schreckliche Vorzeichen

(Lycosthenes)

Wenn sich neue Kometen am Himmel zeigen, löst das bei Beobachtern auf der Erde vielfältige Reaktionen aus. Ein Beispiel sind die Veröffentlichungen des Baseler Professors S. Wolfahrt. Unter dem griechischem Namen Lycosthenes gab er im 16. Jahrhundert astronomische Schriften heraus, die mit Deutungen der Himmelserscheinungen nicht gerade sparsam umgehen.

Apparuerunt horrenda prodigia, quibus deus, iustus vindex, iram suam mundo minatus est: et quae Christus, summa sapientia patris, sub finem mundi ventura praedixit, Lucae XXI: „Erunt signa in sole, luna et stellis, in terris erit anxietas gentium per desperationem, resonante mari, extabescentibus hominibus prae timore atque exspectatione eorum, quae supervenient orbi terrarum.“

Certe paucis hinc elapsis annis haec satis superque conspeximus, cum nunc tres, nunc quattuor eclipses in unum annum inciderint et stellae crinitae, lampades ardentes de coelo decidentes ac alia caelestia prodigia non defuerint. Etiamsi ea naturaliter a philosophis fieri dicantur, habent tamen suas etiam supernaturales causas, quibus agit dux naturae Deus.

Qualia etiam sunt, quae anno praeterito apud Puteolanos magno omnium horrore acciderunt. Quorum regio biennio fere magnis terrae motibus adeo agitata est, ut nulla domus integra in eo superesset. Terrae cumulus magnos ignes evomuit pumicesque, lapides, cinerisque foedi tantam copiam, ut Puteolorum aedificia operuerit, arbores fregerit, aves, bestias interemerit.

Non dicam hoc loco de inundationibus, quae ante paucos annos urbem Romanam paene submerserunt. Transeo et Vesuvium montem, qui nova eruptione, quae anno a nativitate Christi MDXXXVIII facta, in hoc plano magnum terrae hiatum aperuit. Omitto alia horrenda prodigia, miracula atque portenta, quae in diversis regionibus et in Germania praesertim visa et audita sunt.

Basileae, pridie Idus Martii. Anno a Christi salvatoris gratioso adventu MDLII.

| 1 horrendus, -a, -um: *schrecklich* – prōdigium, -ī n.: *(beunruhigendes) Vorzeichen* | 2 vindex, vindicis m.: *Rächer* – īra, -ae f.: *Zorn* – mundus, -ī m.: *Welt* – minārī: *drohen, androhen* | 3 sapientia, -ae f.: *Weisheit* | 4 praedīcere, praedīcō, praedīxī, praedictum: *vorhersagen, voraussagen* | 5 lūna, -ae f.: *Mond* – stēlla, -ae f.: *Stern, Gestirn* | 6 anxietās, -ātis f.: *Angst* – dēspērātiō, -ōnis f.: *Verzweiflung* – resonāre: *widerhallen* | 7 extābēscere, extābēscō, extābuī: *sich verzehren, sich ängstigen* | 8 exspectātiō, -ōnis f.: *Erwartung* – supervenīre, superveniō, supervēnī, superventum *(bei Dativ): überfallen* | 10 ēlābī, ēlābor, ēlāpsus sum: *entrinnen, vergehen* | 11 cōnspicere, cōnspiciō, cōnspexī, cōnspectum: *erblicken* | 12 eclipsis, -is f.: *Sonnenfinsternis* | 13 stēlla crīnīta: *Komet (eigentlich: langhaariger Stern)* – lampas, lampadis f.: *Fackel, Leuchter* | 14 dēcidere, dēcidō, dēcidī: *herabfallen* – caelestis, -e: *(→ caelum): himmlisch* | 15 etiamsī: *wenn auch* – nātūrālis, -e: *natürlich* | 16 supernātūrālis, -e: *übernatürlich* | 19 quālis, -e: *wie (beschaffen)* | 20 Puteolānī, -ōrum m.: *Einwohner von Puteoli in Kampanien (heute Pozzuoli)* – horror, -ōris m.: *Schrecken* | 21 biennium, -ī n.: *Zeit von zwei Jahren* | 22 mōtus, -ūs m.: *Bewegung* | 23 superesse, supersum, superfuī: *übrig sein* – cumulus, -ī m.: *Berg, Gipfel* | 24 ēvomere, ēvomō, ēvomuī, ēvomitum: *ausstoßen* – pūmex, pūmicis m.: *Bimsstein, Lava* – cinis, -eris m.: *Asche* | 25 Puteolī, -ōrum m.: *Puteoli (Küstenstadt in Kampanien, heute Pozzuoli)* | 26 operīre, operiō, operuī: *bedecken* – frangere, frangō, frēgī, frāctum: *(zer)brechen* – avis, -is f.: *Vogel* – interimere, interimō, interēmī, interemptum: *vernichten* | 28 inundātiō, -ōnis f.: *Überschwemmung* | 30 submergere, submergō, submersī, submersum: *versenken* – Vesuvius, -ī.: *Vesuv (Vulkan in Kampanien)* | 31 ēruptiō, -ōnis f.: *Ausbruch* – nātīvitās, -ātis f.: *Geburt* | 32 plānum, -ī n.: *Fläche, Ebene* | 33 hiātus, -ūs m: Öffnung | 34 mīrāculum, -ī n.: *erstaunliche Sache, Wunder* – portentum, -ī n.: *Wunderzeichen, Ungeheuer* – dīversus, -a, -um: *verschieden, entgegengesetzt* | 35 praesertim *(Adv.): besonders* | 37 prīdiē *(Adv.): am Tag zuvor* – salvātor, -ōris m.: *Retter, Erlöser* – grātiōsus, -a, -um (→ grātia): *aus Gnade gegeben, freundlich*

Übersetzung:

Es sind schreckliche Vorzeichen aufgetreten, durch die Gott, der gerechte Rächer, der Welt seinen Zorn angedroht hat. Dies hat außerdem Christus, von der höchsten Weisheit des Vaters erfüllt, vorausgesagt, dass dies am Ende der Welt geschehen wird, wie es bei Lukas, Kapitel 21 geschrieben steht: „Es werden Zeichen sichtbar werden an Sonne, Mond und Sternen. Auf der Erde werden die Völker ängstlich und verzweifelt sein beim Tosen des Meeres. Die Menschen werden vor Angst vergehen in der Erwartung der Dinge, die über die Erde kommen werden."

Mit Sicherheit haben wir diese Dinge im Laufe der letzten Jahre sehr häufig gesehen, als bald drei, bisweilen vier Sonnenfinsternisse auf ein Jahr gefallen sind und Kometen, glühende Fackeln. Auch wenn die Philosophen sagen, dass diese Dinge von Natur aus geschehen, so haben sie doch übernatürliche Ursachen, durch die Gott, der Schöpfer der Natur, wirkt.

Solche Dinge haben sich nämlich auch im vergangenen Jahr bei den Einwohner von Pozzuoli zum großen Entsetzen aller ereignet. Ihre Gegend ist beinahe alle zwei Jahre von solch heftigen Erdbeben erschüttert worden, dass dort kein Haus mehr unbeschädigt geblieben ist. Ein Erdhügel hat große Feuer ausgestoßen, dazu Lava, Steine und eine solche Menge an scheußlicher Asche, dass sie ganze Gebäude von Pozzuoli bedeckte, Bäume zerbrach, Vögel und Tiere tötete.

Ich möchte an dieser Stelle nicht von den Überschwemmungen berichten, die vor wenigen Jahren Rom beinahe versenkt hätten. Ich übergehe hier auch den Vesuv, der durch einen erneuten Ausbruch im Jahre 1538 nach Christi Geburt in dieser Ebene einen großen Erdspalt geöffnet hat.

Ich lasse noch weitere schreckliche Vorzeichen aus, erstaunliche Dinge und Wunderzeichen, die in verschiedenen Gegenden und besonders in Deutschland gesehen und gehört wurden.

Basel, den 14. März im Jahre 1552 nach der gnadenreichen Ankunft Christi, des Retters.

Georg Mack: Komet über Nürnberg; 1577

1 Lycosthenes schildert eine furchtbare Katastrophe. Halte in einer Liste die verschiedenen Ereignisse fest.

2 Welche Himmelserscheinungen werden im Text genannt? Suche die lateinischen Bezeichnungen heraus und stelle sie den modernen deutschen Begriffen gegenüber.

3 Verschaffe dir eine Vorstellung von dem Ausmaß der Katastrophe, indem du mit Bleistift in einer Karte die aufgeführten geographischen Begriffe kennzeichnest.

4 Das *quae* in Z. 3 *(et quae Christus ...)* verbindet beide Sätze miteinander und wird daher „relativischer Satzanschluss" genannt. Welche Wörter aus dem vorangegangenen Satz werden durch *quae* wieder aufgenommen? Suche weitere Beispiele für diese Konstruktion im Text. Informiere dich über diese Konstruktion mit Hilfe der Grammatik (z. B. *video*, S. 61) und vergleiche jeweils, wie sie in der Übersetzung im Deutschen wiedergegeben wird.

Miniatur von D. Schilling aus der Luzerner Chronik von 1472

5 Auf welches Wort im Satz bezieht sich das Partizip *ventura* (Z. 4)? Um welches Partizip handelt es sich?

6 *Resonante mari – extabescentibus hominibus – elapsis annis* (Z. 6–7; 10) – Um welche lateinische Konstruktion handelt es sich? Überlege, wie du diese Konstruktionen übersetzen würdest und vergleiche mit der Übersetzung S. 58.

7 Erkläre den Konjunktiv *dicantur* Z. 16.

8 Wie wird der Ausdruck *satis superque* (Z. 10–11) im Deutschen wiedergegeben? Suche selbst einen angemessenen deutschen Ausdruck der Alltagssprache für die Übersetzung.

9 Mit welchen sprachlichen Mitteln gelingt es dem Autor, das Katastrophale an den Ereignissen auszudrücken?

10 Erkläre folgende französischen Wörter aus dem Lateinischen. Nenne auch die entsprechenden englischen Wörter dazu: *naturel – horreur – bête – inondation – montagne – Dieu – miracle – région – éclipse*

Der Komet

das große Filmereignis heute

Szenenfoto aus „Armageddon – das Jüngste Gericht“, USA 1998.

1 Welche Rolle spielen Gefahren aus dem Weltall oder andere Katastrophen in Filmen?

2 Mit welchen Mitteln erzielen diese Filme ihre besondere Wirkung?

3 Vergleiche die Darstellung in einem Film und der Sintfluterzählung. Wo gibt es Gemeinsamkeit, wo liegen die Unterschiede?

Liebes-ERKLÄRUNGEN

Ich lieb´ dich (überhaupt nicht mehr)

Die folgenden drei Gedichte schrieb Gaius Valerius Catullus (ca. 84–54 v. Chr.). Er stammte aus einer reichen Familie in Verona und verbrachte die meiste Zeit seines kurzen Lebens in Rom. Ob Catull, wie viele junge Römer aus der gehobenen gesellschaftlichen Schicht, zunächst nach Rom kam, um die politische Laufbahn einzuschlagen, ist nicht bekannt. Sicher ist, dass er dort einen Lebensweg gewählt hat, der traditionellen römischen Wertvorstellungen widersprach.
Er gehörte zu einer Gruppe junger Dichter, die besonders an kleinen, witzig oder knapp und treffend formulierten Gedichten arbeiteten.
Dass Catull einer der ganz Großen der lateinischen Literatur geworden ist, liegt auch daran, dass er als erster römischer Autor in seinen Gedichten ganz persönliche Erfahrungen gestaltet hat. Im Mittelpunkt steht Catulls wechselhafte Liebesbeziehung zu Clodia, die er in seinen Gedichten Lesbia nennt. Sie bedeutete ihm alles.
Inwieweit solche Texte den Leser des 21. Jahrhunderts ansprechen, wird jeder für sich entscheiden; aber vielleicht hat der amerikanische Dichter Thornton Wilder ja ganz Recht, wenn er sagt:
„Dieser Catull ist der Einzige in Rom, der Leidenschaft ernst nimmt. Er wird wahrscheinlich der Einzige bleiben.“

Eros mit Falle, Griechisches Vasenbild

Gedichte an Lesbia (Catull, carmen 85)

Ōdī et amō. Quārē id faciam, fortasse requīris?
    Nesciō, sed fierī sentiō et excrucior.

1 **Sieh dir die Verbformen an und überlege, wer sich in diesem Gedicht äußert. Nur eine Verbform bildet eine Ausnahme. Wer könnte hier gemeint sein?**

2 **Erkläre die Aussage *odi et amo*. Überlege, in welcher Situation sich der Sprecher des Gedichts befindet.**

3 ***odi et amo* – In welchem Verhältnis stehen die beiden Wörter zueinander? Informiere dich über die Bezeichnung dieses Stilmittels (s. *video* S. 83). Nenne ein weiteres Beispiel für dieses Stilmittel aus dem Gedicht. Zeige, inwiefern es die Aussage des Gedichts unterstützt. Suche im Deutschen weitere Beispiele für dieses Stilmittel.**

4 **Erkläre den Konjunktiv *faciam*.**

5 **Von welcher Form ist *fieri* abhängig? Was umschreibt der Sprecher des Gedichts hier mit diesem Verb?**

1 quārē: *warum* – requīrere, requīrō, requīsīvī, requīsītum: *fragen, nachforschen* | 2 excruciāre: *quälen, foltern*

Carmen 5 (Catull)

Mars und Venus mit spielendem Amor. Pompejanisches Wandgemälde

Vīvāmus, mea Lesbia, atque amēmus
rūmōrēsque senum sevēriōrum
omnēs ūnīus aestimēmus assis!
Sōlēs occidere et redīre possunt:
nōbīs cum semel occidit brevis lūx,
nox est perpetua ūna dormienda.
Dā mī bāsia mīlle, deinde centum,
dein mīlle altera, dein secunda centum
deinde ūsque altera mīlle, deinde centum.
Dein, cum mīlia multa fēcerīmus,
conturbābimus illa, nē sciāmus
aut nē quis malus invidēre possit,
cum tantum sciat esse bāsiōrum.

1 **Informiere dich über die neuen Vokabeln. Lies dir dann das Gedicht aufmerksam durch und notiere Auffälligkeiten (Namen, häufig vorkommende Worte). Übersetze die erste Zeile und stelle Vermutungen über den Inhalt des Gedichts an.**

2 **Erkläre die Form *dormienda* in Zeile 6.**

3 **Um welchen Genitiv handelt es sich in Zeile 13?**

4 **Übersetze das Gedicht und überprüfe deine Erwartungen.**

5 **Wie ist die Aussage in Vers 11/12 zu verstehen?**

6 **Gib dem Gedicht eine passende Überschrift.**

1 Lesbia: *Lesbia; (= Clodia; vermutlich handelt es sich um eine Schwester des Volkstribunen P. Clodius Pulcher)* | 2 rūmor, -ōris m.: *Gerücht, Gerede* – sevērus, -a, -um: *ernst, streng* | 3 ūnīus assis aestimāre: *keinen Pfennig auf etwas geben (für kein As wert halten ; As: römische Münze)* | 4 occidere, occidō, occidī, occāsum: *untergehen* | 5 cum semel *(beim Ind. Perf.): wenn einmal, sobald einmal* – lūx: *steht sinngemäß für vīta* | 6 perpetuus, -a, -um: *ununterbrochen* – dormīre, dormiō, dormīvī: *schlafen* | 7 mī = *mihi* – bāsium, -ī n.: *Kuss* – mīlle: *tausend* – centum: *hundert* | 8 dein= *deinde* – secundus, -a, -um: *zweiter, ein weiterer* | 9 ūsque *(Adv.): in einem fort, fortwährend* | 10 fecerīmus: *Futur II* | 11 conturbāre: *durcheinander bringen, in Unordnung bringen*

Carmen 8 (Catull)

Miser Catulle, dēsinās ineptīre,
et, quod vidēs perīsse, perditum dūcās!
Fulsēre quondam candidī tibi sōlēs,
cum ventitābās, quō puella dūcēbat
amāta nōbīs, quantum amābitur nūlla.
Ibī illa multa cum iocōsa fīēbant,
quae tū volēbās nec puella nōlēbat,
fulsēre vērē candidī tibi sōlēs.
Nunc illa nōn vult: tū quoque, inpotēns, nōlī
nec, quae fugit, sectāre nec miser vīve,
sed obstinātā mente perfer, obdūrā!
Valē puella! Iam Catullus obdūrat
nec tē requīret nec rogābit invītam.
At tū dolēbis, cum rogāberis nūlla.
Scelesta, vae tē, quae tibi manet vīta?
Quis nunc tē adībit? Cuī vidēberis bella?
Quem nunc amābis? Cuius esse dīcēris?
Quem basiābis? Cuī labella mordēbis?
At tū, Catulle, destinātus obdūrā!

1 **Lies dir das Gedicht aufmerksam durch. Versuche, das Gedicht zu gliedern, indem du auf die Satzanfänge achtest. Welche Stimmung kommt in diesem Gedicht zum Ausdruck?**

2 **Bestimme den Gegenstand (das Thema) sowie die Sprechsituation des Gedichts (Dialog/Monolog).**

3 **In welchen Zeiten stehen die verwendeten Verbformen? Zeige, inwiefern sie das Gedicht gliedern. Vergleiche mit deiner ersten Gliederung (Aufgabe 1).**

4 **Welche Gefühle kommen in diesem Gedicht zum Ausdruck? Durch welche Stilmittel werden sie hervorgehoben?**

5 **Schreibe einen Antwortbrief der Geliebten, die Catulls Gedicht zufällig gehört hat.**

6 **Übersetze das folgende französische Zitat, indem du die Wörter aus dem Lateinischen ableitest. Würde Catull der Aussage zustimmen? Kannst du dich dieser Aussage anschließen?**
Plaisir d'amour ne dure qu'un moment, chagrin d'amour dure toute la vie.
plaisir*, von lat. *placere; ne...que (qu'): nur

7 **Erkläre folgende Wörter aus dem Lateinischen. Welche Wörter werden auch im Deutschen verwendet? engl.: *require, miserable, beautiful* frz.: *perdu, soleil, aimer, beau/belle, dire***

1 dēsinere, dēsinō, desīī, dēsitum: *aufhören, aufgeben* – ineptīre: *sich albern verhalten, sich wie ein Narr verhalten* | 2 dūcere, dūcō, dūxī, ductum: *hier: halten für* | 3 fulgēre, fulgeō, fulsī: *blitzen, strahlen, glänzen* – candidus, -a, -um: *hell, heiter, glücklich* | 4 ventitāre (→ venīre): *immer gehen, regelmäßig gehen* | 5 quantum: *wie(viel), wie sehr* | 6 iocōsus, -a, -um: *scherzhaft, neckisch* | 8 vērē *(Adv.): wirklich, tatsächlich* | 9 inpotēns, -ntis: *leidenschaftlich, haltlos, schwach* | 10 sectārī, sector, sectātus sum *(beim Akk.): jmdm. folgen, nachlaufen* | 11 obstinātus, -a, -um: *fest entschlossen, hartnäckig* – obdūrāre: *hart sein, aushalten* | 13 requīrere, requīrō, requīsīvī, requīsītum *(→ quaerere): nach jmdm. fragen, nachforschen; jmdn. vermissen* | 15 scelestus, -a, -um: *unheilvoll, unselig* – vae tē!: *wehe dir!* | 16 bellus, -a, -um: *schön* | 17 esse *beim Genitiv: jmdm. gehören* | 18 basiāre: *küssen* – labellum, -ī n.: *Lippe* – mordēre, mordeō, momordī, morsum: *beißen* | 19 dēstinātus, -a, um: *entschlossen, beharrlich*

Ich lieb' dich überhaupt nicht mehr (Udo Lindenberg)

Es tut nicht mehr weh – endlich nicht mehr weh,
wenn ich dich zufällig mal wiederseh.
Es ist mir egal, so was von egal,
und mein Puls geht ganz normal.
Musst nicht glauben, dass ich ohne dich nicht klarkomm',
ich komm' sehr gut zurecht.
Kannst' ruhig glauben: All die ander'n Frauen,
die sind auch nicht schlecht.

Ich lieb' dich überhaupt nicht mehr;
das ist aus, vorbei und lange her.
Endlich geht's mir wieder gut
und ich hab jede Menge Mut
und ich steh' da richtig drüber.

Den Fernseher, den ich eingetreten hab',
hat die Versicherung voll bezahlt.
Die Wohnung sieht jetzt anders aus,
nichts erinnert mehr an dich,
ich hab' alles knallbunt angemalt.
Nur, wenn ich manchmal nachts nicht schlafen kann,
geh ich in die Kneipe und sauf' mir einen an;
was redest du, da wär' so 'ne Trauer in meinem Gesicht,
was für'n Quatsch –
das ist doch nur das Kneipenlicht.

Ich lieb' dich überhaupt nicht mehr,
das ist aus, vorbei und lange her.

Guck mich bitte nicht mehr so an,
fass mich bitte nicht mehr so an.

Das zieht bei mir nicht mehr;
geh doch einfach weiter,
hat doch keinen Zweck;
ey, du weißt doch,
sonst komm ich da niemals drüber weg;
ich komm da niemals drüber weg.

(aus Udo Lindenberg: Feuerland. Polydor 1987)

1 **Vergleiche Catulls Situation mit der von Udo Lindenberg beschriebenen. Wie reagieren beide?**

Udo Lindenberg mit seiner Band bei einem Auftritt 1989

Le Jardin (Jacques Prévert)

Des milliers et des milliers d'années
Ne sauraient suffire
Pour dire
La petite seconde d'éternité
Où tu m'as embrassé
Où je t'ai embrassée
Un matin dans la lumière de l'hiver
Au parc Montsouris à Paris
A Paris
Sur la terre
La terre qui est un astre.

(aus: Jacques Prévert: Œuvres complètes de la Pléiade I. Paris: Gallimard 1992, S. 128.)

Total verknallt oder zum Lachen?

Marcus Valerius Martialis lebte etwa von 40 bis 102 n. Chr. Er stammt aus Spanien und wird in Rom von verschiedenen reichen Leuten gefördert. In fünfzehn Bücher schreibt er Epigramme, kurze, geistreiche und witzige Gedichte. Die Pointen stellen oft Mitmenschen und die römische Gesellschaft bloß.
Insbesondere das Verhalten von Mann und Frau im Alltag ist für ihn ein willkommener Anlass Liebe, Flirt und Sex in anderem Licht erscheinen zu lassen.

Rufus und seine Naevia (Martial)

Quidquid agit Rūfus, nihil est nisi Naevia Rūfō.
Sī gaudet, sī flet, sī tacet, hanc loquitur.
Cenat, propīnat, poscit, negat, innuit: ūna est
Naevia; sī nōn sit Naevia, mūtus erit.
Scrīberet hesternā patrī cum lūce salūtem,
'Naevia lūx' inquit 'Naevia lūmen, havē.'
Haec legit et rīdet dēmissō Naevia vultū.
Naevia nōn ūna est: quid, vir inepte, furis?

Eine Frau mit einer Schreibtafel; ihr Mann mit einer Buchrolle. Wandbild aus Pompeji, um 70 n. Chr.

Der vernarrte Rufus
(Übersetzung von Walter Hofmann)

Was auch Rufus je begann:
Naevia hat's ihm angetan.
Ob er lacht, schweigt oder flennt,
sie ist's, die er immer nennt.
Speist er oder sitzt beim Wein,
fordert seine Schulden ein,
ob er „nein“ sagt oder „ja“:
Immer sagt er „Naevia“.
Ist sie aber nicht am Ort,
kommt aus Rufus nicht ein Wort.
Gestern morgen war es, da
schrieb er grüßend dem Papá:
„Naevia ist mein Idol,
Naevia mein Licht. Leb wohl!“
Naevia liest diese Sachen,
senkt den Blick, muss selber lachen.
Rufus, ähnlich denken wir:
Nicht nur Naevia gibt es hier.
Warum treibst du es so weit?
Mann, das ist ja Albernheit.

(aus: Martial Epigramme. Aus dem Lateinischen übertragen und herausgegeben von Walter Hofmann. Frankfurt/Leipzig: Insel [Insel Taschenbuch 2649] 2000, S.53 f.)

1 quisquis, quidquid *(subst.): wer auch immer/jeder, der; was auch immer/alles, was* – Naevia, -ae f.: *römischer Frauenname* | 2 flēre, fleō, flēvī, flētum: *weinen, beweinen* | 3 cenāre: *speisen* – propīnāre: *(zu)trinken, zuprosten* – innuere, innuō, innuī: *zuwinken* | 4 mūtus, -a, -um: *stumm* | 5 hesternus, -a, -um: *gestrig* – lūx, lūcis f.: *Licht; Leben* | 6 lūmen, lūminis n.: Licht – havē = avē: *sei gegrüßt* | 7 dēmissus, -a, -um: *gesenkt, herabhängend* | 8 ineptus, -a, -um: *albern, töricht* – furere, furō: *schwärmen, rasend verliebt sein; verrückt sein*

Ein närrischer Verliebter
(Übersetzung von Paul Barrié und Winfried Schindler)

Was immer Rufus tut, nichts außer Naevia existiert für Rufus.
Wenn er sich freut, wenn er weint, wenn er schweigt: er spricht nur von ihr.
Er speist, erhebt das Glas, fordert, lehnt ab, nickt zu: nur eine gibts für ihn,
Naevia; geht es einmal nicht um Naevia, gleich ist er stumm.
Als er am gestrigen Tag seinem Vater einen Gruß schickte,
schrieb er: „Naevia, mein Sonnenschein, Naevia, mein Leben, sei gegrüßt!"
Naevia liest das und lacht mit gesenktem Kopf.
Es gibt nicht nur Naevia: Was rast du so, du närrischer Mann?

(aus: M. Valerius Martialis, Epigramme. Lateinisch-deutsch, hrsg. und übersetzt von Paul Barrié und Winfried Schindler. Darmstadt: Wissenschaftliche Buchgesellschaft 1999, S. 83)

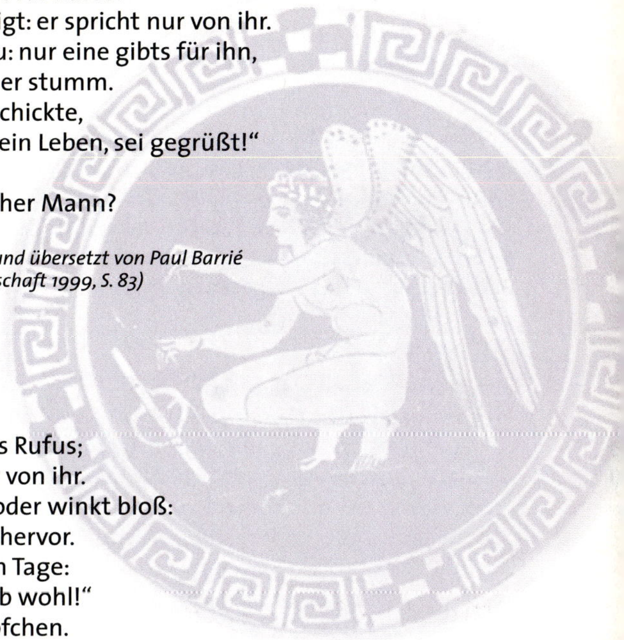

Alles ist Nävia ...
(Übersetzung von Horst Gasse)

Alles ist Nävia, was er auch treibt, in den Augen des Rufus;
ob er lacht oder weint, wortlos selbst spricht er von ihr.
Isst er und zecht er, wünscht er etwas, lehnt er ab oder winkt bloß:
Nävia heißt es allein; sonst bringt kein Wort er hervor.
An seinen Vater schrieb einen Brief er am gestrigen Tage:
„Nävia", schloss er, „mein Licht, Nävia. Süßes, leb wohl!"
Nävia liest es und lacht mit niedergebogenem Köpfchen.
Nävia gibt's nicht allein, warum, du Toller, so wild?

(aus: Liebesdichtung der Griechen und Römer, zweisprachig. Sammlung Dieterich Bd. 141. Dieterich Verlag 1963, 1992, S. 275)

1 Lies das Gedicht laut und erschließe das Thema.

2 Von welchen Personen ist hier die Rede und welche Tätigkeiten werden ihnen zugeordnet? Wer ist Subjekt in Vers 2?

3 Wie verhält sich Rufus ? Warum wird er als *vir inepte* bezeichnet?

4 Erkläre die Bedeutung von *unus* in Vers 8.

5 Mit welchen Stilmitteln wird das Verhalten des Rufus hervorgehoben?

6 Warum lacht Naevia? Warum wird der Vater als unbeteiligt dargestellt?

7 Bildet drei Gruppen und vergleicht je eine deutsche Übersetzung mit dem lateinischen Text. Wo weicht der Übersetzer vom lateinischen Text ab? Beachtet auch die Wortstellung. Versucht, eine möglichst „moderne" deutsche Übersetzung anzufertigen.

zwischen LACHEN UND WEINEN

Publius Ovidius Naso (43 v. bis 17 n. Chr.), ein junger Mann aus dem Ritterstand, gibt in seiner *Liebeskunst (Ars amatoria)* Männern und Frauen Tipps, wie sie ihr Glück in der Liebe finden können. Die grundlegenden Eigenschaften, die man/frau besitzen sollte, erfährst du in den folgenden Versen.

Gut gelacht ist halb gewonnen (Ovid)

Nec minus in vultū damnōsa superbia vestrō:
Cōmibus est oculīs alliciendus Amor.
Ōdimus inmodicōs (expertō crēdite) fāstūs:
Saepe tacēns odiī sēmina vultus habet.
Spectantem spectā; rīdentī mollia rīdē;
Innuet: acceptās tū quoque redde notās.
Ōdimus et maestās; Tecmessam diligat Aiax,
nōs, hilarem populum, fēmina laeta capit.

1 Ergänze in Vers 509 eine passende lateinische Verbform.

2 Bestimme die Wortart von *mollia* (Vers 513). Was wird durch dieses Wort näher bestimmt?

3 Wen redet Ovid hier in diesen Versen an? Suche Beispiele im Text.

4 Zwei gegensätzliche Verhaltensweisen werden in diesem Text beschrieben. Arbeitet die gegensätzlichen Begriffe heraus und stellt sie gegenüber.

5 Welche Verhaltensweise empfiehlt hier Ovid? Wie formuliert Ovid diese Empfehlungen?

6 *spectantem specta ... ridenti ride* Vers 513 – Um welches Stilmittel handelt es sich? Inwieweit unterstützt dieses Stilmittel die Aussage des Textes?

7 Schreibe als Gegenstück zu diesem Text Empfehlungen, die Ovid den Männern geben könnte. Deine Vorschläge kannst du im Internet unter www.learnetix.de veröffentlichen. Dort kannst du deine Empfehlungen auch mit denen von anderen Schülern vergleichen.

509 damnōsus, -a, -um: *schädlich* | 510 cōmis, -e: *freundlich* – allicere, alliciō, allexī, allectum: *anlocken, einladen* | 511 ōdisse, ōdī: *hassen* – immodicus, -a, -um: *maßlos, unmäßig* – expertus, -a, -um: *erfahren, erprobt* – fāstus, -ūs m.: *Hochmut* | 512 sēmen, -inis n.: Samen | 513 mollis, -e: *sanft, weich* – mollia *(adv. Akk.)*: *sanft* | 514 innuere, innuō, innuī: *zuwinken* – nota, -ae f.: *Zeichen* | 517 maestus, -a, -um: *traurig* – Tecmessa, -ae f.: *Tecmessa (myth. Geliebte des „finsteren" griech. Kämpfers Aias)* – Āiāx, -ācis m. *Aias (myth. griechischer Kämpfer im Trojanischen Krieg)* | 518 hilaris, -e: *heiter, fröhlich*

Auch das **Gegenteil** führt zum Erfolg (Ovid)

Spectet amābilius iuvenem et suspīret ab īmō
  fēmina, tam serō cūr veniatque roget:
accedant lacrimae, dolor et dē paelice fictus,
  et laniet digitīs illīus ōra suīs.
Iamdudum persuāsus erit; miserēbitur ultrō
  et dīcet ›cūrā carpitur ista meī.‹
Praecipuē sī cultus erit speculōque placēbit,
  posse suō tangī crēdet amōre deās.

1 Erkläre die Konjunktive in Vers 675 und 676.

2 Erkläre die Funktion des Genitivs *mei* in Vers 680.

3 Vers 679 *persuasus erit*; Vers 681 *cultus erit* – Um welches Tempus handelt es sich jeweils?

4 Beschreibe das gewünschte Verhalten der Frau. Suche dazu die diesbezüglichen Verben aus dem Textabschnitt heraus.

5 Wie wirkt sich dieses Verhalten auf den Mann aus?

6 Wie ist der Ratschlag zu verstehen, auch Tränen einzusetzen?

7 Unterscheide die Konjunktiv- und Futur-Formen und zeige, inwiefern sie die Aussage des Textes unterstützen.

8 Stellt die von Ovid beschriebene Szene nach und schreibt einen modernen Dialog dazu.

9 Erkläre die Begriffe *Kultur, Spekulation, persuasiv* aus dem Lateinischen. Suche auch die englischen Entsprechungen und erkläre gegebenenfalls Bedeutungsunterschiede.

675 amābilis, -e: *liebenswert, liebenswürdig* – iuvenis, -is m.: *junger Mann* – suspīrāre ab īmō: *tief Atem holen* | 676 fēmina, tam serō cūr veniatque roget: *ordne:* et roget, cur tam sero veniat – serō *(Adv.): spät, zu spät* | 677 lacrima, -ae f.: *Träne* – paelex, -icis f.: *Nebenbuhlerin, Konkurrentin* – fingere, fingō, fīnxī, fictum: formen, (er)dichten; vorgeben | 678 lanīre, laniō: *zerfleischen* – digitus, -ī m.: Finger – ōs, ōris n.: Mund, Gesicht | 679 iamdudum (Adv.): *schon lange, sofort* – persuāsus erit *(persönliche Konstruktion): er wird überzeugt sein* – miserērī, misereor, miseritus sum: *Mitleid fühlen* – ultrō (Adv.): *obendrein, noch dazu, von selbst* | 680 carpere, carpō, carpsī: *zerpflücken, zerreißen* | 681 praecipuē *(Adv.): vor allem, besonders* – speculum, -ī n.: *Spiegel* | 682 tangere, tangō, tetigī, tāctum: *berühren*

Wie lacht frau am besten? (Ovid)

Quis crēdat? Discunt etiam rīdēre puellae,
quaeritur atque illīs hāc quoque parte decor:
Sint modicī rictūs parvaeque utrimque lacūnae,
et summōs dentēs īma labella tegant,
nec sua perpetuō contendant īlia rīsū,
sed leve nesciōquid fēmineumque sonet.
Est, quae perversō distorquet ōra cachinnō;
cum rīsū laeta est altera, flēre putēs;
illa sonat raucum quiddam atque inamābile: rīdet,
ut rudit ā scabrā turpis asella molā.
Quō nōn ars penetrat? Discunt lacrimāre decenter
quōque volunt plōrant tempore quōque modō.

1 **Sucht Abbildungen zu animierendem Lachen in Zeitschriften und Zeitungen (oder fotografiert selbst) und stelle daraus eine Collage zusammen. Welches Foto entspricht am stärksten dem von Ovid beschriebenen Lachen?**

2 **Suche die Konjunktive aus dem Textabschnitt heraus, die in einem Hauptsatz verwendet worden sind. Unterscheide dabei den Potentialis vom Hortativ und Deliberativ (vgl. *video*, S. 13).**

3 **Erkläre die Funktion des Konjunktivs in Vers 287.**

4 **Stelle in einer Tabelle vorteilhafte und abzulehnende Verhaltensweisen gegenüber.**

5 **Suche die adverbialen Bestimmungen aus dem Text heraus, die mit Hilfe eines Adverbs oder Adjektivs gebildet sind.**

6 **Suche im Deutschen Sprichwörter und Redewendungen, in denen vom Lachen die Rede ist. Welche Art von Lachen kommt darin jeweils zum Ausdruck? Informiere dich mit Hilfe von Wörterbüchern auch über Redewendungen im Englischen und Französischen.**

| 282 decor, -ōris m.: *Anmut, Liebreiz* | 283 modicus, -a, -um (→ *modus, -ī m.*): *mäßig, bescheiden; hier geringfügig* – rictus, -ūs m.: *der offene Mund, das Aufreißen des Mundes* – utrimque (*Adv.*): *von beiden Seiten, auf beiden Seiten* – lacūna, -ae f.: *Vertiefung, Grübchen in der Wange* | 284 dēns, dentis m.: *Zahn* – īmus, -a, -um: *unterster* – labellum, -ī n.: *Lippe* | 285 perpetuus, -a, -um: *zusammenhängend; ununterbrochen; hier: beständig* – contendere, contendō, contendī: *hier: (an)spannen* – īlia, -ium n.: *Eingeweide, Zwerchfell* – rīsus, -ūs m.: *Lachen* | 286 levis, -e: *leicht, unbedeutend; leichtsinnig* – nesciōquid (→ *nescīre;* → *quid*): *irgendetwas* – fēmineus, -a, -um (→ *fēmina*): *weiblich* – sonāre, sonō, sonuī: *ertönen* | 287 perversus, -a, -um: *verdreht, schlecht, entstellend* – distorquēre, distorqueō, distorsī, distortum: *verdrehen, verzerren* – ōs, ōris n.: *Mund, Gesicht* – cachinnus, -ī m.: *lautes Lachen* | 288 flēre, fleō, flēvī, flētum: *weinen, beweinen* – raucus, -a, -um (*raucum adv. Akkusativ*): *rauh* – inamābilis, -e (→ *amāre*): *nicht liebenswürdig* | 290 rudere, rudō, rudīvī: *brüllen* – scaber, scabra, scabrum: *rauh* – turpis, -e: *hässlich, schändlich* – asella, -ae f.: *Eselin* – mola, -ae f.: *Mühle* | 291 penetrāre: *eindringen, vordringen* – decens, -entis: *reizend, anmutig* | 292 plōrāre: *laut weinen*

Nicht nur LACHEN bringt Erfolg (Ovid)

Junges Mädchen beim Umfüllen von Parfüm, römische Wandmalerei (1. Jh. n. Chr.)

Et lacrimae prōsunt; lacrimīs adamanta movēbis:
    Fac madidās videat, si potes, illa genās.
Sī lacrimae, neque enim veniunt in tempore semper,
    dēficient, ūnctā lūmina tange manū.
Quis sapiens blandīs nōn misceat ōscula verbīs?
    Illa licet nōn det, nōn data sūme tamen.
Pūgnābit prīmō fortassis et ›improbe‹ dīcet;
    pūgnāndō vincī sē tamen illa volet.
Tantum, nē noceant tenerīs male rapta labellīs
    nēve querī possit dūra fuisse, cavē.
Ōscula quī sūmpsit, sī nōn et cētera sūmit,
    haec quoque, quae data sunt, perdere dīgnus erit.

1 Wen spricht Ovid hier an? An welchen Äußerungen kannst du dies ablesen?

2 Ovid empfiehlt hier unterschiedliche Vorgehensweisen. Gliedere unter diesem Gesichtspunkt den Textauszug und gib den einzelnen Teilen Überschriften.

3 Um welchen Konjunktiv handelt es sich in Vers 663? Warum wird er hier verwendet?

4 Wie formuliert Ovid seine Empfehlungen? Unterscheide dabei Aussagesätze, Fragesätze und Aufforderungssätze.

5 Mit welchen lateinischen Wörtern wird das Verhältnis zwischen Mann und Frau in diesem Text umschrieben?

6 Wo findet ihr heute noch derartige Ratschläge? Vergleicht Ovids Ratschläge mit dem Text von Rolf Bönnen. Sucht auch im Internet. Erscheinen euch solche Empfehlungen hilfreich?

659 lacrima, -ae f.: *Träne* – adamās, -antis m.: *Stahl (griech. Akk.: adamanta)* | 660 fac *(bei Konj.): mach, dass* – madidus, -a, -um: *feucht* – gena, -ae f.: *Wange* | 662 dēficere, dēficiō, dēfēcī, dēfectum: *nachlassen, fehlen* – ūnctus, -a, -um: *feucht, nass; fett, gesalbt* – tangere, tangō, tetigī, tāctum: *berühren* | 663 blandus, -a, -um: *schmeichelnd* – miscēre, misceō, miscuī, mixtum: *mischen, vermischen* – ōsculum, -ī n.: *Kuss* | 664 licet *(beim Konj.): mag auch, wenn auch* | 665 fortassis=fortasse: *vielleicht* – improbus, -a, -um: *böse* | 667 tantum *(Adv.): nur; so sehr* – nocēre, noceō, nocuī: *schaden* – tener, tenera, tenerum: *zart, jung* – labellum, -ī n.: *Lippe* | 668 cavēre, caveō, cāvī, cautum: *sich vorsehen, sich hüten*

Flirten – aber wie? (Rolf Bönnen)

SEIN Körper beim Flirt

Eines unterlässt er garantiert nicht: SIE anzulächeln. Mit verbissenen Lippen oder einem dümmlich offenen Mund geht beim Flirt nichts. Sein Lächeln ist möglichst ein wenig verträumt, er vermeidet so, sie anzugrinsen. Es darf keinesfalls zynisch oder spöttisch wirken, die übrigen Gesichtszüge und -merkmale müssen also stimmig bleiben, ebenfalls *lächeln*, beispielsweise darf er nicht gleichzeitig die Augenbrauen herabziehen oder die Stirn runzeln. Das Entscheidende am Lächeln ist Offenheit, was wir gern *jugendhaft* nennen.

IHR Körper beim Flirt

Eines jedoch ist IHR unbedingt gestattet, und sie sollte mehr als ausgiebig Gebrauch davon machen – Lächeln! Lächeln bedeutet nicht anbiedern oder dümmliche Hilflosigkeit. Nur wer dem Ernst des Lebens mit Distanz und Humor begegnet, beweist Überlegenheit und Unabhängigkeit – eine Haltung, die sich eben im Lächeln ausdrückt. Ob SIE von ihm hingerissen ist oder nur meint, ihn zu weiterer Initiative ermuntern zu sollen, oder am Ende zwar weiß, dass er als erotischer Spielpartner außer Betracht steht, aber ihn nichtsdestotrotz liebenswert genug empfindet, ihn mit einem Küsschen zu erfreuen – SIE vergibt sich nichts, pflückt alle Chancen und empfindet zumindest das Glück, anderen Glück zu bescheren.
Wenn SIE sich also für einen Mann interessiert, wird sie einen Blickkontakt initiieren oder dulden und ihn möglichst mit einem Lächeln unterstreichen. Dabei bleibt die übrige Gesichtsmimik entspannt, höchstens, dass sich die Augenbrauen um Kleinigkeiten nach oben verschieben oder die Wimpern ein bisschen häufiger oder tiefer nach unten gleiten.

(aus: Rolf Bönnen, Flirten – aber wie? Humboldt-Taschenbuch 606. München 1989, S. 115 f.)

Liebe

mal ganz anders

Schönheit ist nicht alles

Schönheit spielt beim Flirten und Finden eines Lebenspartners eine entscheidende Rolle. Graffiti aus Pompeji sprechen eine sehr deutliche Sprache. Der römische Dichter Martial nimmt sich allerdings oft die Freiheit zu fragen, was denn eigentlich Schönheit ist.

Die schöne Fabulla (Martial)

Omnīs aut vetulās habēs amīcās
aut turpēs vetulīsque foediōrēs.
Hās ducis comitēs trahisque tēcum
per convīvia, porticūs, theātra.
Sīc fōrmōnsa, Fabulla, sīc puella es.

Pompejanische Graffiti

VENVS ES. VE(NVS)!
(CIL IV 1625)

FAVSTIANVM, FAVST(IANVM) … PVELLARVM DELIRIVS; CALOS CAVPONIVS
(CIL IV 9146)

PVPA, QVAE BEL(L)A ES, TIBI ME MISIT, QVI TVVS ES(T). VALE!
(CIL IV 1234)

1 Wie verhält sich Fabulla? Was gibt Martial als Grund für ihre Schönheit an?

2 Z. 1 *vetulas* … Z. 2 *vetulis* – Um welches Stilmittel handelt es sich? Inwiefern unterstützt es die Aussage des Textes? Welche weiteren Stilmittel verwendet Martial?

1 vetula, -ae f.: *alte Schachtel, alte Frau* | 2 turpis, -e: *hässlich, schändlich* – foedus, -a, -um: *hässlich, scheußlich* | 3 comes, -itis m./f.: *Begleiter/Begleiterin* | 4 porticus, -ūs f.: *offene Halle, Säulengang* | 5 fōrmōnsus, -a, -um *(formōsus, -a, -um): schön* – Fabulla, -ae f. *(weibl. Eigenname)*

Faustiānus, -ī m.: *Faustianus (Name eines Mannes)* – dēlīrius *(→ dēlīrāre: verrückt sein): einer, der andere verrückt macht* – calos *(griech.): schön* – caupōnius, -ī m.: *Kellner* – pūpa, -ae f.: *„Puppe", Mädchen* – bellus, -a, -um: *schön*

Es kommt immer auf den Blickwinkel an!

Verliebte Paare wagten in der Antike auch den Schritt zur Ehe. Welche unterschiedlichen Gründe es hierfür geben konnte, schildert Martial in einem seiner Epigramme.

Vorsicht beim Heiraten! (Martial)

Nūbere vīs Prīscō; nōn mīror, Paula; sapistī.
Dūcere tē nōn vult Prīscus: et ille sapit.

Amores. Pompejanische Wandmalerei.

... raffinierte Pompejaner

OMNES LVSERO. SVM MAX(IMVS)
(CIL IV 9008)

MENDAX VERACI
VBIQVE SA(LVTEM)
(CIL IV 2018c)

1 Rekonstruiere die Situation des Epigramms: Wer wird angesprochen? Was lässt sich über den Sprecher sagen? Was ist das Thema?

2 Was haben Paula und Priscus gemeinsam? Was unterscheidet sie?

3 Zeige, mit welchen sprachlichen Mitteln Martial die Pointe gestaltet.

4 „Paula will Priscus nicht"
Versuche durch Einfügen von Satzzeichen die Aussage dieses Satzes zu verändern. Wie viele unterschiedliche Möglichkeiten gibt es? Welche Varianten entsprechen inhaltlich dem Epigramm Martials?
Die Römer kannten keine Satzzeichen. Mit welchen Mitteln erreicht Martial eine ähnliche Wirkung?

1 nūbere, nūbō, nūpsī, nuptum: *heiraten (aus der Sicht der Frau)* – prīscus, -a, -um: *alt (sprechender Name)* – sapere, sapiō, sapiī (→ sapienta, -ae f.): *schlau sein* | 2 dūcere (in mātrimōnium): *heiraten (aus der Sicht des Mannes)*

lūdere, lūdō, lūsī, lūsum: *zum Narren halten* | mendāx, -ācis m.: *Lügner* – vērāx, -ācis: *wahrhaftig*

Zu **alt** zum Heiraten? (Martial)

Nūbere Paula cupit nōbīs, egō dūcere Paulam
nōlō: anus est. Vellem, sī esset magis anus.

Giovanni Lorenzo Bernini. Apollo und Daphne. 1622–1625. Villa Borghese, Rom.

Über Phyllis und Priscus, die sich in ungleicher **Weise** liebten (Thomas Morus)

So trefflich heiratet die schöne Phyllis den leidenschaftlichen Priscus, wie kristallklares Wasser den schäumenden Wein. Priscus liebt Phyllis glühender als hitziges Feuer, Priscus wird kälter geliebt als eisiges Wasser. Diese Verbindung ist ungefährdet, denn, wenn jene zugleich brennen würden, welches Haus könnte schon die beiden Flammen ertragen?

(Aus: Thomas Morus, Epigramm, übersetzt, eingeleitet und kommentiert von Uwe Baumann. München: [Kösel] 1983, S. 168 f.) erschienen 1518

1 **Übersetze die erste Zeile. Welche Pointe könnte in der 2. Zeile folgen?**

2 **Suche aus dem Epigramm die gegensätzlichen Begriffe heraus und zeige, wie dadurch die Pointe entsteht.**

3 **Wie kannst du dir das Verhalten des Mannes erklären?**

4 **Vergleicht das lateinische Epigramm mit den folgenden deutschen Übersetzungen. Wie haben die Übersetzer das Problem gelöst, die Pointe zu übersetzen?**

Paula will mich zum Manne, doch ich will Paula nicht haben:
sie ist ein altes Weib – wär sie noch älter, dann wohl. *(H. C. Schnur)*

Auf **die** Magdalis (Gotthold Ephraim Lessing)

Die alte reiche Magdalis
Wünscht mich zum Manne, wie ich höre
Reich wäre sie genug, das ist gewiss.
allein so alt! – Ja, wenn sie älter wäre.
(Aus: Der Altsprachliche Unterricht Jg. XLIII, Heft 3, 2000)

5 **Erkläre den auch im Deutschen gebräuchlichen Ausdruck *nolens volens*.**

1 dūcere (in matrimonium): *heiraten (aus der Sicht des Mannes)* | 2 anus, -ūs f.: *alte Frau*

Bis dass der Tod euch scheidet!

Auch in der Antike galt es als Ideal, bis zum Tod dem Partner die Treue zu halten.
Die folgenden Texte geben einige Hinweise darauf, wie die Wirklichkeit aussehen konnte.

Eine Inschriftensäule aus Rom, die heute im Vatikanischen Museum aufbewahrt wird, beschreibt das Verhältnis von Frau und Mann in der Antike so:

D(is) M(anibus) S(acrum)
CN(aeo) CORNELIO
CN(aei) F(ilio) SAB(atina tribu)
MVSAEO
MANCIPI VIAE APPIAE
HERENNIA PRISCILLA
CONIVGI
BENEMERENTI
FECIT

CETEGVS VIR BONVS
(CIL IV 10196)

VIRVM VENDERE NOLO MEOM ...
(CIL IV 3061)

1 Von welchen Personen ist auf dem Stein die Rede?

2 Welche Worte charakterisieren das Verhältnis der Personen zueinander?

3 Vergleiche die Grabinschrift mit der auf Seite 13. Was sind Merkmale eines antiken Grabmals? Vergleiche mit heutigen Grabinschriften.

4 Informiere dich über die antiken Namensgebung. (z. B. *Res Romanae*, S.18)

1 dī mānēs: *Seele des Verstorbenen, Totengott* | 2 CN. = *Gnaeus (Praenomen)* – Cornelius = *Gentilname* | 3 SAB = SAB(atīnā tribū): *aus der Bürgerabteilung von Sabate, einer Stadt nordwestlich von Rom* | 5 manceps, -ipis m.: *Bauunternehmer für den Hoch- und Tiefbau* | 6 Herennius, -a, -um = *Gentilname* | 7 coniux, coniugis m. u. f.: *Ehefrau, Ehemann* | 8 benemerens, -entis: *verdient*

vendere, vendō, vendidī, venditum: *verkaufen* – meom = meum

Die bis zum Tod **treue** Ehefrau (Martial)

Īnscrīpsit tumulīs septem scelerāta virōrum
„sē fēcisse“ Chloē. Quid pote simplicius?

1 **Von welchen Personen ist hier die Rede? Was wird über sie ausgesagt?**

2 **Welche Art von Beziehung besteht zwischen den Personen?**

3 **Durch welche Wörter erzeugt Martial die Doppeldeutigkeit dieses Epigramms?**

4 **Gebt mit eigenen Worten den Inhalt des Epigramms wieder.**

5 **Erkläre folgende englischen Wörter aus dem Lateinischen. Nenne auch die deutschen Fremdwörter dazu: *tumour, inscription, virile, simplicity.***

Liebe im Alter …

VICTORIAE SVAE SALVTE(M).
ZOSIMVS VICTORIAE SALVTEM.
ROGO TE, VT MIHI SVC(C)VR(R)AS
(A)ETATI MAEAE.
SI PVTAS ME AES NON HAB(E)RAE,
(NOLI) AMA(RE) M(E).
(CIL IV 1684)

Liebe bis zum **Grab** (Martial)

Fūnera post septem nūpsit tibi Galla virōrum,
Pīcentīne: sequī vult, puto, Galla virōs.

1 **Von welchen Personen ist hier die Rede? Was wird über sie ausgesagt?**

2 **In welchem Verhältnis stehen die Partner? Wen verspottet Martial?**

3 **Erkläre aus dem Lateinischen: *Sequenz, Postskriptum, Septime***

1 īnscrībere, īnscrībō, īnscrīpsī, īnscrīptum: *einmeißeln, einschreiben* – tumulus, -ī m.: *Grab(hügel)* – scelerātus, -a, -um (→ scelus, -eris n.): *unselig, verbrecherisch* | 2 Chloē, -ēs f.: *Chloe (aus dem Griechischen stammender Mädchen- oder Frauenname)* – pote (est): *es kann sein* – simplex, simplicis: *einfach, aufrichtig*

Zōsimus, -ī m.: *Zosimus (griech. Männername)* – succurrere *(beim Dat.)*: *helfen, beistehen* – maeae = *meae* – aes, aeris n.: *Erz, Geld*

1 fūnus, -eris n.: *feierliche Bestattung, Tod* – nūbere, nūbō, nūpsī, nuptum: *heiraten (aus der Sicht der Frau)* – Galla, -ae f.: *Galla (Name einer Frau)* | 2 Pīcentīnus, -ī m.: *Picentinus (Name eines Mannes, der aus der Region „Picenum“ südlich von Ancona stammt)*

Autoren und Werke

Apicius

Marcus Gavius Apicius lebte Anfang des 1. Jhs. n. Chr. Er galt schon bei den Römern als Inbegriff eines reichen Lebemanns und Schlemmers, der insbesondere den Askese predigenden Philosophen Anlass zu Kritik bot. Unter seinem Namen sind zwei Bücher überliefert, ein allgemeines Kochbuch und eines über Saucen. Insgesamt sind in dem unter seinem Namen überlieferten Kochbuch 478 Rezepte erhalten, die in der Spätantike und im Mittelalter immer wieder gelesen und ergänzt wurden.

Apostelgeschichte

Zu den christlichen Schriften des Neuen Testaments gehört neben den vier Evangelien (nach Matthäus, Markus, Lukas und Johannes) auch die Apostelgeschichte. Diese Werke wurden schon in den ersten Jahrhunderten nach Christus die maßgeblichen Dokumente christlicher Überlieferung.
Der zwischen 80 und 90 n. Chr. entstandene Text der Apostelgeschichte soll von Lukas stammen, der auch das Lukasevangelium verfasste. Die Schrift handelt von der missionarischen Tätigkeit der Apostel Petrus, Johannes, Paulus und anderer, die den Weg des Evangeliums von den Juden in die griechisch-römische Welt hinein ebneten. Es geht Lukas darum zu beschreiben, wie sich die im jüdischen Kulturraum entstandene christliche Kirche allmählich von ihrem Ursprungsgebiet Israel löst. Da die auf Ausbreitung bedachte christliche Religion im heimischen jüdischen Kulturraum nur eine begrenzte Zahl von Anhängern gewinnen konnte, wandte sie sich später mit großem Erfolg der griechisch-römischen Welt zu.

Caesar

Gaius Iulius Caesar (100–44 v. Chr.), römischer Staatsmann, Feldherr und Schriftsteller. Die Herrschertitel „Kaiser“ und „Zar“ sind von seinem Namen abgeleitet.
Caesar stammte aus einer alten Adelsfamilie, schloss sich aber der „Volkspartei“ an. Schon mit 18 Jahren zeigte er besondere Standfestigkeit: Caesar hielt an der Ehe mit seiner Frau Cornelia fest, obwohl der gefürchtete Diktator Sulla aus politischen Gründen die Scheidung forderte. Schon damals wurde Caesar eine große politische Karriere prophezeit.
Nachdem er 62–61 v. Statthalter in Südspanien gewesen war, schloss Caesar 60 v. Chr. ein Geheimbündnis mit zwei führenden römischen Politikern, Pompeius und Crassus. Das sicherte ihm die Wahl zum Konsul im Jahr 59 v. Chr. Caesar schüchterte seinen Mitkonsul Bibulus so ein, dass dieser sich schließlich ganz von der Amtsführung zurückzog. 58–51 v. Chr. führte Caesar mit einem großen römischen Heer Krieg in Gallien. Die jahrelange Kriegsführung im Auftrag des Senats nutzte er dazu, das Heer auf ihn persönlich einzuschwören. Als Caesar das Oberkommando auf Drängen des Senats niederlegen sollte, weigerte er sich. Mit seinem Heer überschritt Caesar am 10. 1. 49 v. Chr. von Norden her den Grenzfluss Rubico und marschierte Richtung Rom. Berühmt wurde sein Ausspruch *Alea iacta est, „Der Würfel ist geworfen“*: Caesar hatte im Kampf um die politische Macht in Rom den Weg der Gewalt eingeschlagen. Jetzt gab es kein Zurück mehr.
Im folgenden Bürgerkrieg besetzte er die Hauptstadt Rom und besiegte wenig später das Heer seines innenpolitischen Gegners Pompeius. Während des Bürgerkriegs kam Caesar auch nach Ägypten. Die Liebesgeschichte zwischen ihm und der ägyptischen Königin Kleopatra wurde weltberühmt und bleibt durch Verfilmungen oder die Darstellung bei „Asterix und Obelix“ lebendig. Als kürzlich in einer Berliner Bibliothek eine handschriftliche Notiz Kleopatras gefunden wurde, berichteten Nachrichtenagenturen und Presse ausführlich darüber.
In Rom riss Caesar als Diktator praktisch die gesamte politische Macht an sich; Senat, Beamte und Volksversammlung verloren ihre Entscheidungsspielräume im politischen Geschehen.
Der Widerstand der Senatoren gegen ihre Entmachtung führte zu einer Verschwörung unter Führung des Brutus und Cassius. An den Iden des März, dem 15.3. 44 v. Chr., wurde Caesar von 60 Angehörigen des Senats ermordet. *Ista quidem vis est! „Das ist ja Gewalt!“* soll Caesar gerufen haben, als die Attentäter ihn angriffen.

Caesars Leistung als Politiker bleibt umstritten, die von ihm eingeleitete Kalenderreform ist – abgesehen von einer kleinen Korrektur im Jahr 1582 – Grundlage der modernen Zeitrechnung. Die Romanisierung Galliens und die Grenzziehung am Rhein sind Nachwirkungen seiner Politik.
Caesars Darstellung seiner Kriegführung in *De bello Gallico* hat zu verschiedenen Zeiten eine unterschiedliche Rolle im Lateinunterricht gespielt. Caesar schreibt von sich nur in der 3. Person. Sein Bericht wirkt deshalb klar, nüchtern und distanziert. Die sieben Bücher *De bello Gallico* und drei Bücher *De bello civili* erwecken den Eindruck eines objektiv-sachlichen Tätigkeitsberichts. Sie sollen Caesars Vorgehen vor dem Senat und der römischen Öffentlichkeit rechtfertigen.

Carmina Burana

Die mittelalterlichen *Carmina Burana (Lieder aus Benediktbeuren)* wurden durch die Vertonung des modernen Komponisten Carl Orff (1895 – 1982) weltberühmt: Solostimmen, Chor, Orchester und zahlreiche Schlaginstrumente lassen wie in magischen Bildern mittelalterliche Szenen lebendig werden: Liebesglück und -leid, überschwängliche Freude und Traurigkeit, die Macht des Schicksals und die Macht des Geldes, Kritik an der christlichen Kirche – das sind einige der vielfältigen Themen. Etwa 200 Lieder und Gedichte umfasst die im 13. Jh entstandene Textsammlung des Klosters in Benediktbeuren (Oberbayern), aus der Orff 24 Stücke für die Vertonung auswählte. Außer dem im 13. Jh. gesprochenen Mittellatein findet sich auch Mittelhochdeutsches und Altfranzösisches in den Texten.
Einige der unbekannten Verfasser haben ihre Texte anspruchsvoll ausgearbeitet und setzen einen gebildeten Leser voraus; andere Texte sind volkstümlich, locker und frech und z.T. drastisch-derb. Die meisten Dichter waren Vaganten, durch Europa ziehende Mönche, Studenten und Spielleute; aber auch Texte angesehener zeitgenössicher Dichter sind anonym in diese bekannteste Sammlung mittellateinischer Dichtung eingegangen.
Carl Orff hat übrigens nicht auf die z. T. mit überlieferten mittelalterlichen Melodien zurückgegriffen, sondern sein Musikwerk in eigenständiger Weise neu geschaffen.

Catull

Gaius Valerius Catullus, ca. 84–54 v. Chr., stammte aus einer reichen Familie Veronas, die auch Villen in Sirmio und bei Tibur besaß. Catull lebte in Rom und gehörte zu dem avantgardistischen Dichterkreis der Neoteriker, die es sich zum Ziel gesetzt hatten, nach griechischem Vorbild kleine Gedichte in möglichst perfekt ausgearbeiteter Form zu gestalten. Diese *poetae novi* kämpften darum, für ihre Tätigkeit die Anerkennung der Öffentlichkeit zu gewinnen.
Mit Caesar war Catull durch sein Elternhaus persönlich bekannt, der junge Dichter griff den ehrgeizigen Politiker und seine Gefolgsleute aber mit ironischen und frechen Sprüchen und Gedichten an. So auch den berüchtigten Volkstribunen Publius Clodius Pulcher, dessen verheiratete Schwester Clodia (von Catull „Lesbia" genannt) die Geliebte des Dichters war. Dieser schwierigen Liebesbeziehung sind die schönsten Gedichte Catulls zu verdanken, in denen zum ersten Mal in der römischen Literatur ein Dichter ganz persönliche Empfindungen in ihrer ganzen Leidenschaft und Widersprüchlichkeit äussert. Catull gilt als einer der berühmtesten Dichter der Weltliteratur, weil er intimste Empfindungen, zarte Liebe, aber auch Spott und bitteren Hass in kunstvoller Form ausdrückt und die Möglichkeiten der lateinischen Sprache virtuos nutzt.

Cicero

Marcus Tullius Cicero, 106–43 v. Chr., Politiker und bedeutendster Redner Roms, der die lateinische Prosa zu höchster Entfaltung gebracht hat. Durch Hunderte von erhaltenen Briefen wissen wir über Ciceros Leben so gut Bescheid wie über keinen anderen Menschen der Antike. Cicero war zunächst als Anwalt tätig und wurde durch Reden in spektakulären Prozessen bekannt. Als erster in seiner Familie *(homo novus)* erreichte Cicero auf der politischen Karriereleiter die höchste Stufe, das Konsulat. Auf dem Höhepunkt seiner politischen Laufbahn im Jahre 63 v. Chr. unterdrückte er als Konsul energisch die Verschwörung Catilinas.

Auf Betreiben seiner politischen Gegner wurde Cicero später wegen seines Vorgehens angeklagt und musste in die Verbannung gehen. Er geriet zunehmend ins politische Abseits und stellte sich im Bürgerkrieg auf die Seite des Pompeius. Nach dessen Sturz begnadigte ihn Caesar. 46 v. Chr. wurde Ciceros Ehe mit Terentia geschieden, der Tod seiner Tochter Tullia 45 v. Chr. war ein weiterer schwerer Verlust. Eine zweite Ehe scheiterte im Verlauf weniger Monate.
Nach Caesars Ermordung setzte sich Cicero als Führer der Senatspartei für die Wiederherstellung der Republik und gegen Antonius ein. Als Antonius 43 v. Chr. ein politisches Bündnis mit Octavian schloss, ließ er Cicero ächten und ermorden.
Ciceros literarisches Werk besteht aus zahlreichen Reden – vor allem politischen und Gerichtsreden –, aus wissenschaftlichen Schriften über Rhetorik und Philosophie sowie einem umfangreichen Briefwechsel. Viele Reden hat Cicero nachträglich weiter ausgearbeitet und in schriftlicher Form veröffentlicht. Sie sind historische Quellen ersten Ranges und Dokumente meisterhafter Sprachbeherrschung. Cicero hat entscheidend zur Verbreitung griechischer Philosophie in Rom beigetragen. Seine Schriften über die beste Staatsform, über die Pflichten, über das höchste Gut und das größte Übel, seine Gespräche in Tusculum über den Weg zur Glückseligkeit, über das Alter und über die Freundschaft und viele mehr haben auf die spätere Wissenschaftsgeschichte Europas einen enormen Einfluss gehabt. Viele Fachbegriffe wurden von Cicero aus dem Griechischen ins Lateinische übertragen und sind als Lehnwörter in die modernen Sprachen Europas eingegangen (So geht z. B. das dt. Wort „Gewissen“ auf lat. *conscientia* zurück, das Cicero als lat. Lehnwort zu griech. *syneídesis* bildete).
Seine Briefe zeigen das politische Engagement Ciceros. Zugleich werden Stärken und Schwächen dieses Mannes für die Leser mit einer Deutlichkeit sichtbar, wie dies nur selten der Fall ist.

Frontinus

Sextus Iulius Frontinus, römischer Schriftsteller des 1. Jahrhunderts n. Chr., war Direktor der städtischen Wasserversorgungsbetriebe in Rom. Sein Buch über die Wasserversorgung der Hauptstadt gibt auch viele technische Details wieder. In seiner Schrift *Strategemata* schildert Frontinus als militärischer Fachschriftsteller zahlreiche Kriegslisten.

Udo Lindenberg

Der 1946 geborene deutsche Popmusiker ist seit Anfang der 70er Jahre im Showbusiness aktiv. Sein Markenzeichen: breiter Hut und nasale Aussprache. Lindenberg lebt im Hotel, wurde bekannt für seine ausschweifenden Feiern, szeneorientierte, subtile Poplyrik, oft mit politischem Touch. Lindenberg forderte mit Liedern wie *Sonderzug nach Pankow* und seinen Auftritten lange vor der „Wende“ die humorlose Autorität des damaligen DDR-Staatsratsvorsitzenden Erich Honecker heraus. Zusammen mit anderen Künstlern engagierte er sich 2001 bei Auftritten unter dem Motto *Rock gegen rechts* in den neuen Bundesländern und Berlin.

Lycosthenes

Wir wissen nur wenig über das Leben von Konrad Wolfhart, der als Schriftsteller seinen Familiennamen in der griechischen Form Lycosthenes wiedergab. In ähnlicher Weise war z. B. der Gelehrtenname des Professors Philipp Melanchton (1497–1560) als griechische Form des ursprünglichen Namens Schwartzert gestaltet. Aus der Kleinstadt Ruffach im Elsaß, wo Wolfhart 1518 geboren ist, ging er als junger Mann zum Studium nach Heidelberg. Später war Wolfhart in Basel zunächst als Lehrer tätig, dann als Diakon und Prediger.
Neben diesem Hauptberuf betrieb Wolfhart umfangreiche Forschungen und veröffentlichte zahlreiche Bücher. Er soll – nach einer alten deutschen Biographie – so viel gearbeitet und geschrieben haben, dass er schon im Alter von 36 Jahren einen Schlaganfall erlitt und sein rechter Arm gelähmt war. Das soll ihn aber nicht gehindert haben, seine schriftstellerische Tätigkeit mit der linken Hand fortzusetzen.
Wolfhart starb 1561 in Basel.

Martial

Marcus Valerius Martialis, etwa 40 bis 102 n. Chr., satirischer Epigrammatiker. Von ihm stammt der *liber spectaculorum (Buch der Spiele)*. Diese Schrift besteht aus 32 Epigrammen und wurde anlässlich der im Jahre 80 n. Chr. von Kaiser Titus abgehaltenen hunderttägigen Spiele zur Einweihung des Kolosseums veröffentlicht. Seine 14 weiteren Bücher Epigramme behandeln das Alltagsleben und die Gesellschaft in Rom zur Zeit Domitians. Dabei entwickelt er eine ironische Typologie der Menschen seiner Zeit, in der er mit spitzen Pointen sarkastisch den eitlen Schönling, den unbegabten Dichter, den Mitgiftjäger, den betrogenen Ehemann, den unfähigen Arzt, den unwürdigen alten Mann und andere Charaktere auf den Arm nimmt. Martial, dessen Schriften bereits in der Antike große Verbreitung fanden, wird von Plinius als angriffslustig, geistreich, talentiert und scharfzüngig, aber auch als ehrlich geschildert. In der Dichtung der Spätantike, des Mittelalters und der Renaissance fanden seine Epigramme viele Nachahmer.

Karl May

Vielgelesener deutscher Jugendbuchschriftsteller, lebte von 1842 bis 1912, wichtigste Werke sind Abenteuerbücher, die hauptsächlich unter den Indianerstämmen Nordamerikas und im Nahen Osten spielen. Sie wurden in den 60er Jahren mit großem Erfolg verfilmt. Schauspieler wie Lex Barker, Pierre Briece und Marie Versini verdanken diesen Verfilmungen ihre Popularität. May kannte die Schauplätze seiner Romane vor der Veröffentlichung nicht und hatte zeitweise in Armut gelebt, ja er musste sogar in jungen Jahren eine Gefängnisstrafe verbüssen. Zum Publikumsmagneten wurde er posthum. Alljährlich finden zu seinen Ehren Festspiele in Bad Segeberg statt, eine literarische Gesellschaft widmet sich seinem Werk.

Thomas Morus

wurde am 7. 2. 1478 geboren. In Oxford studierte er Jura, Griechisch, Philosophie und Literatur. Schon während dieser Zeit freundete er sich mit dem Humanisten Erasmus von Rotterdam an.
Nach seinem Studium erhielt er die Zulassung als Anwalt und wurde 1503 Mitglied des Parlaments. Seine politische Karriere war steil: Unter Heinrich VIII. Mitglied des Geheimen Rates, Sprecher des Unterhauses und schließlich 1529 Lordkanzler. Weil er sich aus religiöser Überzeugung hartnäckig weigerte, Heinrich VIII. als Oberhaupt der Church of England anzuerkennen, legte er 1532 alle seine Ämter nieder. Er wurde wegen Hochverrats angeklagt und am 6. 7. 1535 im Tower enthauptet. Literarisch trat er u. a. mit seiner *Utopia* hervor, in der er versuchte, auf der Grundlage antiker philosophischer Schriften ein Modell des besten Staates zu entwickeln. In diesem Modellstaat sollte es kein Privateigentum geben.

Ovid

Publius Ovidius Naso, geboren 43 v. Chr. in Sulmo in den Abruzzen, stammt aus einer reichen Ritterfamilie. Sein Vater wollte, dass sein Sohn als Jurist oder Politiker Karriere machte und ließ ihm deswegen in Rom eine gute Schulausbildung zukommen.
Trotzdem wandte Ovid sich bald der Dichtung zu und veröffentlichte schon mit 18 Jahren seine ersten Gedichte. Zunächst widmete er sich der Liebesdichtung. Er schrieb im elegischen Distichon die *Amores (Liebesgeschichten)*, die *Heroides* (fingierte Liebesbriefe) und die *Ars amatoria (Lehrgedicht über die Liebe)*. Diese erotischen Gedichte wurden ihm von den jungen Römern geradezu aus der Hand gerissen.
Später interessierten ihn andere Inhalte. Er dichtete in Hexametern die *Metamorphosen*, Verwandlungsgeschichten, und bearbeitete den römischen Festkalender in den *Fasti*.
Bis zum Jahre 8 n. Chr. lebte er in Rom. Von Kaiser Augustus wurde er dann u.a. wegen seiner oftmals gewagten Liebesdichtung nach Tomis am Schwarzen Meer verbannt, wo er bis zu seinem Tode blieb. Sogar das Lesen seiner Werke wurde in Rom verboten. Aus Verzweiflung über seine Verbannung schrieb er in Tomis *Tristien*, Trauerlieder, und die *Epistulae ex Ponto*. 18 n. Chr. starb Ovid an seinem Verbannungsort.
Die Dichtungen Ovids sind nicht nur in der Antike gelesen worden, sondern gelten bis in die Neuzeit als Werke der Weltliteratur und haben auch oft moderne Künstler zu eigenen Gestaltungen angeregt.

Petron

Titus Petronius Arbiter, römischer Schriftsteller und enger Vertrauter Neros, an dessen Hof er die Position eines Beraters für feine Sitten, Anstand und guten Geschmack *(arbiter elegantiarum)* bekleidete. Von Nero wurde er wegen angeblicher Beteiligung an der Verschwörung des Piso im Jahre 66 n. Chr. zum Selbstmord gezwungen. Von Petron stammt ein berühmter satirischer Roman *Satyricon*, dessen Hauptstück, das Gastmal des Trimalchio, die Lebensweise eines Parvenus, eines reichen und ungebildeten Emporkömmlings, schildert. Die *cena Trimalchionis* enthält ein Sittengemälde des 1. Jahrhunderts n. Chr. mit vielen komischen und drastisch-realistischen Schilderungen der Festkultur seiner Zeit.

Plinius der Jüngere

Gaius Plinius Caecilius Secundus, 62 n. Chr. geb. in Novum Comum (heute Como), gest. etwa 113 n. Chr. als kaiserlicher Legat in Bithynien und Pontus (am Schwarzen Meer), wirkte in Rom als Anwalt, Politiker und Schriftsteller. Nach dem Tod seines Vaters wurde er von Plinius dem Älteren, einem berühmten Naturforscher, adoptiert. Nach einem Studium der Rhetorik bei Quintilian und mehreren Prozessen, in denen er zusammen mit seinem Freund, dem Historiker Tacitus, auftrat, machte Plinius Karriere bis hin zum Konsulat unter Kaiser Trajan.

Von Plinius dem Jüngeren ist eine umfangreiche Sammlung von Briefen erhalten. Sie waren in der Regel für die spätere Veröffentlichung vorgesehenen und sind wertvolle Quellen für die Sozial-, Kultur- und Alltagsgeschichte. Besonders berühmt sind die Briefe, in denen Plinius den Vesuvausbruch des Jahres 79 n. Chr. schildert, bei dem sein Adoptivvater ums Leben kam. Viel Aufmerksamkeit fand auch seine Korrespondenz mit Kaiser Trajan, in der er um Instruktionen für die Behandlung der in der Provinz lebenden Christen bittet. Insgesamt sind 247 Privatbriefe und 121 Briefe von amtlich-politischem Charakter überliefert, eine Fundgrube anschaulicher Darstellungen des Lebens in Rom und in den Provinzen.

Seneca

Lucius Annaeus Seneca, römischer Philosoph und Dichter, geb. etwa 4. v. Chr. in Cordoba (Spanien), gest. 65 n. Chr. in Rom. Er war mit seinem Vater, einem berühmten Rhetor, in früher Jugend nach Rom gekommen. Seneca wurde Senator, zeitweilig verbannt, von der Kaiserin Agrippina mit der Erziehung des späteren Kaisers Nero betraut. Als dieser 54 n. Chr. den Thron bestieg, führte Seneca für den 17-jährigen erfolgreich die Regierungsgeschäfte. Doch kam es zunehmend zu Konflikten zwischen Nero und Seneca: Seit 62 n. Chr. musste dieser sich vom Hofe zurückziehen und beging nach der Aufdeckung der Pisonischen Verschwörung auf Befehl des Kaisers Selbstmord. Seneca verfasste zahlreiche philosophische Schriften, in denen er ausgehend von Grundsätzen der stoischen Lehre Fragen der praktischen Ethik („Was sollen wir tun?“) behandelte. Weitere Themen sind die Auseinandersetzung mit dem Tod und die Entwicklung von Todesverachtung *(contemnere mortem)*, naturwissenschaftliche Fragen sowie Fragen der Moral *(epistulae morales ad Lucilium)*. In der *Apocolocyntosis (Verkürbissung)* verspottet er den 54 n. Chr. ermordeten Kaiser Claudius. Weitere Werke Senecas sind Tragödien und Briefwechsel. Er war zu seiner Zeit überaus prominent und entsprechend eitel.

Zahlreiche europäische Autoren der Neuzeit haben Senecas philosophische Schriften und Tragödien gelesen und sowie Gedanken und Anregungen daraus aufgenommen.

Literarische Gattungen

Brief

Beispiele für die Gattung Brief (*epistula* oder *litterae*) sind aus der römischen Antike in großer Zahl erhalten. Man schrieb wie heute Privat- und Geschäftsbriefe mit persönlichen und sachlichen Mitteilungen oder Grußbotschaften, und es gab feste Grußformeln. Von Cicero z. B. ist eine umfangreiche Briefsammlung überliefert, die wichtige Einblicke in das politische Leben Roms gibt. Oft allerdings sind Briefe trotz persönlicher Adressierung Kunstbriefe, die sich an ein allgemeines Publikum wenden und zur Veröffentlichung bestimmt waren, so etwa die Briefe des jüngeren Plinius. Sie waren von vornherein als literarische Texte gestaltet. Von Sallust sind politische Briefe überliefert, Senecas 124 *Epistulae morales ad Lucilium* sind im Grunde philosophische Abhandlungen. Poetische Briefe sind von Catull, Horaz und Ovid überliefert, auch das Neue Testament enthält Rundschreiben an Gemeinden, Lehr- und Privatbriefe. Besonders die Briefe des Apostels Paulus an die Korinther sind berühmt, auch von Kirchenvätern wie Hieronymus, Ambrosius und Augustinus besitzen wir Briefsammlungen.

Epigramm

Die aus dem Griechischen stammende Gattungsbezeichnung bedeutet wörtlich „Aufschrift". Epigramme sind als Weih- und Grabinschriften in metrischer Form erhalten, seit dem 4. Jh. v. Chr. hat sich in Griechenland das Epigramm zu einer eigenständigen literarischen Gattung entwickelt.

Das römische Epigramm zeichnet sich durch spöttisch- satirische, freche, scharfe und prägnante Pointen aus. Herausragende Bedeutung unter den römischen Epigrammdichtern haben Catull und Martial, dessen Texte besonders frech und witzig sind. Im 18. Jh. fand das Epigramm als Stilform auch in der kritischen deutschen Literatur viele Liebhaber.

Inschriften

Ähnlich den heutigen Graffiti sind Inschriften an Wände gemalte oder gravierte und eingeritzte Botschaften verschiedenster Art. Antike römische Inschriften werden seit ca. 100 Jahren im *Corpus Inscriptionum Latinarum* (CIL) gesammelt und wissenschaftlich geordnet. Berühmt sind insbesondere die in Pompeiji gefundenen Inschriften, die Wahlaufrufe, private und öffentliche Mitteilungen, Verträge, Testamente, Grabinschriften, Ehrungen und Schmähungen öffentlicher Personen, Entfernungs- und Richtungsangaben und Werbetexte enthielten. Die in Pompeji vorgefundenen Inschriften sind teilweise sehr deftig! Durch Umwelteinflüsse wie Sonne und Regenwasser sind in Pompeji inzwischen leider zahlreiche ausgegrabene Inschriften verblasst und nicht mehr lesbar, so dass die Publikation in Büchern oder auf elektronischen Medien eine besondere Bedeutung erhält. In mehreren Ländern werden seit einigen Jahren von Schülern und Lehrkräften lateinische Inschriften der Heimatregion dokumentiert und im Rahmen der internationalen Initiative *Latein auf Stein* im Internet publiziert. (z. B. http://www.al.lu/projects/latein2/deutsch/dlgee.htm)

Reden

Reden sind eine der wichtigsten Prosagattungen der römischen Literatur. Die Kunst der Rede, die Beredsamkeit oder Rhetorik, hatte in Griechenland schon eine lange Tradition als Leichenrede, politische Rede oder Gerichtsrede, bevor die Römer sie übernahmen. Schon in den Epen Homers (um 700 v. Chr.) sind viele kunstvoll gebaute Reden enthalten. Im 5. Jh. v. Chr. wurde die Rhetorik in Griechenland von Rednern wie Gorgias, Lysias, Isokrates und Demosthenes in Theorie und Praxis zu einer raffinierten Kunst der Darstellung und Beeinflussung entwickelt. Nachdem Aristoteles im 4. Jh. v. Chr. eine Redekunst geschrieben hatte, galt die Rhetorik als Teildisziplin der Philosophie und hatte großen Einfluss auf die Erziehung der Jugend. Doch schon in Griechenland trat eine Tendenz zur Verflachung, zur instrumentellen Redetech-

nik, zum modischen Kunststück, zum „Volllabern“ ein: Egal was wahr ist, Hauptsache man setzt seine Meinung als richtig durch.
In Rom erreichte die Redekunst als politisches Kampfmittel, das über Leben und Tod entscheiden konnte, in der Zeit der ausgehenden Republik und der Parteienkämpfe (Mitte/Ende des 1. Jhs. v. Chr.) ihre höchste Vollendung. Von Cicero sind über 50 sorgfältig ausgearbeitete politische Reden überliefert, ausserdem Grundsatzschriften zur Theorie der Redekunst. In der Kaiserzeit verlor die öffentliche Rede an Bedeutung, obwohl Quintilian noch einmal ein Lehrbuch dazu schrieb. Politische Entscheidungen fielen ja nicht mehr im Wettstreit von Meinungen vor Senat oder Volksversammlung, sondern sozusagen „im stillen Kämmerchen“ durch Anordnungen des Kaisers bzw. seiner Beauftragten.
Das Interesse der Araber, die die antiken Redetraditionen aus eigenem Antrieb fortführten, hat uns bedeutende Teile der antiken Rhetorik überliefert, auf die in der Neuzeit zum Beispiel Shakepeare zurückgegriffen hat.

Satire

Literarische Gattung in einer spezifischen Form, die der römischen Eigenart entsprach, scharf zu beobachten und darüber derben, nicht selten beissenden Spott auszugiessen. Das Wort bedeutet soviel wie vermischte Gedichte. Diese vermischten Gedichte nahmen mit der Zeit im Versmaß des Hexameter eine polemische Tendenz an. Die Kunst der Satire beherrschte in besonderer Weise Horaz, der es verstand, in subtilen Plaudereien verpackte Wahrheiten lächelnd auszudrücken: in feiner Ironie, auch Selbstironie, mit Verständnis für menschliche Unzulänglichkeiten und Eigenarten. Bei Persius, Juvenal und Martial wird die negativistische, bittere Nuance der Satire in der Folgezeit verstärkt.
Die Römer liebten die Satire und waren stolz auf ihre eigene literarische Schöpfung: *satura tota nostra est.* Unsere heutigen Satiren in Zeitschriften, Rundfunk und Fernsehen sind weniger von der Form als vielmehr von der inhaltlichen Intention geprägt, obwohl eine der beliebtesten satirischen Fernsehsendungen sich die feste Form eines Wochenüberblicks gegeben hat. Hier werden die Grenzen zwischen Comedy und Satire fliessend.

Vergleichende Zeittafel

Zeitwende

Römische Republik

- 149–146 v. Chr. 3. Punischer Krieg
- 73–71 v. Chr. Sklavenaufstand unter Spartacus
- Cicero (106–43 v. Chr.)
- 88–82 v. Chr. Bürgerkrieg Marius – Sulla
- 58–51 v. Chr. Eroberung Galliens durch Caesars Truppen
- Caesar (100–44 v. Chr.)
- 49–45 v. Chr. Bürgerkrieg zwischen Anhängern von Caesar und Pompeius
- Catull (84–54 v. Chr.)
- 31 v. Chr. Schlacht bei Actium: Octavian sichert sich die Alleinherrschaft
- Ovid (43 v.–18 n.Chr.)

Römische Kaiserzeit

- Seneca (4 v.–65 n. Chr.)
- 9 n. Chr. vernichtende Niederlage im Teutoburger Wald
- 1. Jh. n. Chr. erste christliche Gemeinden; Grenzsicherung in Germanien duch den Limes
- 79 n. Chr. Vesuvausbruch zerstört Pompeji und Herculaneum
- Martial (40–104 n. Chr.)
- Petronius (?–66 n. Chr.)
- Plinius d. J. (61–113 n. Chr.)
- Apostelgeschichte (ca. 80–90 n. Chr.)
- 1./2. Jh. n. Chr. wirtschaftlicher Wohlstand und politische Macht Roms auf dem Höhepunkt
- 233/34 n. Chr. Aufgabe des rätischen Limes nach Einfall der Alamannen
- 311 n. Chr. Duldung der christlichen Religion durch Kaiser Galerius
- Vulgata (Ende 4. Jh. n. Chr.)
- 476 n. Chr. Ende des weströmischen Reiches

500

Frühmittelalter

- Entwicklung der romanischen Sprachen aus dem Lateinischen
- 9. Jh. n. Chr. Renaissance des Lateinischen unter Karl d. Gr.

1000

Hochmittelalter / Spätmittelalter

- 1066 Normannen erobern Britannien
- 11./12. Jh. Kreuzzüge
- Carmina Burana (13. Jh.)

1500

Renaissance und Humanismus

- 1492 Kolumbus landet in Amerika

Neuzeit

- 1517 Luther veröffentlicht seine Thesen
- 16./17 Jh. Glaubenskriege in Europa
- Lycosthenes (1518–1561)
- 1871 Gründung des Deutschen Kaiserreiches
- Karl May (1842–1912)
- 1914–1918 1. Weltkrieg
- 1933–1945 Gewaltherrschaft der Nationalsozialisten in Deutschland
- 1939–1945 2. Weltkrieg
- 1949 Gründung der BRD und der DDR
- 1990 Vereinigung beider dt. Staaten
- Udo Lindenberg (geb. 1946)

(In Anlehnung an RES ROMANAE. Neue Ausgabe. Hrsg. von H. Krefeld. [4] 2000, S. 250 ff.)

2000

LERNVOKABULAR

Der Tagesablauf eines römischen Gutsbesitzers

libet	*(unpersönlich) es beliebt, es gefällt*
tardus, -a, -um, tardē *(Adv.)*	*langsam, träge, spät*
suādēre, suādeō, suāsī, suāsum	*(an)raten*
meditārī, meditor, meditātus sum	*nachsinnen, etwas überdenken*
stomachus, -ī. m.	*Magen*
ungere, ungō, ūnxī, ūnctus	*salben, schmieren, balsamieren*
lavāre, lavō, lāvī, lautum	*waschen, sich baden*
cēna, -ae f.	*Essen, Mahlzeit*
somnus, -ī m.	*Schlaf*
dēmum *(Adv.)*	*endlich, erst*
vēlōx, -ōcis	*schnell, beweglich*
lassus, -a, -um	*abgespannt, träge*

Unterwegs mit ganz wenigen Sklaven

beātus, -a, -um	*glücklich*
iacēre, iaceō, iacuī	*liegen*
dētrahere, dētrahō, dētrāxī, dētractum	*abziehen, schmälern*
nusquam *(Adv.)*	*nirgends*

Der Junge mit dem Delphin

simul *(Adv.)*	*zugleich, gleichzeitig*
certāmen, -inis n.	*(→ certāre) Wettkampf*
tendere, tendō, tetendī, tentum	*spannen, strecken, eilen*
occurrere, occurrō, occurrī, occursum	*(→ currere) entgegeneilen*
subīre, subeō, subiī, subitum	*auf sich nehmen, hier: auf den Rücken nehmen*
dēpōnere, dēpōnō, dēposuī, dēpositum	*niederlegen, absetzen, aufgeben*
flectere, flectō, flexī, flexum	*beugen, biegen, sich zuwenden*
aequālis, -is m.	*Gleichaltriger*
concurrere, concurrō, concurrī, concursum	*zusammenlaufen*
tamquam	*gleichsam, wie*
mīrāculum, -ī n.	*(→mīrārī) Wunder*
adspicere, adspiciō, adspexī, adspectum	*erblicken, anschauen*
cautus, -a, -um	*vorsichtig*
quasi *(Adv.)*	*gleichsam, wie wenn*
revocāre	*(→ vocāre) zurückrufen*
donec	*solange, solange bis*
pudor, -ōris m.	*Ehrgefühl, Scham, Schande*
tangere, tangō, tetigī, tāctum	*berühren*
agnōscere, agnōscō, agnōvī, agnitum	*erkennen, wiedererkennen*
incrēdibilis, -e	*(→ crēdere) unglaublich*
prior, -ōris	*vorderer, früherer*
ēdūcere, ēdūcō, ēdūxī, ēductum	*(→ ē, dūcere) herausziehen, hinausführen*
prāvus, -a, -um	*verkehrt, schlecht*
repetere, repetō, repetīvī, repetītum	*zurückholen, wiederholen*

spectāculum, -ī n.	*(→ spectāre) Spiel, Schauspiel*
quiēs, -ētis f.	*Ruhe*
occultus, -a, -um	*verborgen, unbemerkt*

Seeräuber beherrschen das Mittelmeer

praedō, -ōnis m.	*Räuber, Seeräuber*
praesidium, -ī n.	*Schutz, Hilfe, Besatzung*
exīstimāre	*schätzen, meinen*
īnsula, -ae f.	*Insel*
fortūnae, -ārum f.	*Vermögen*
exterus, -a, -um	*äußerer, fremd*
spīritus, -ūs m.	*Atem, Leben, Geist*
dīripere, dīripiō, dīripuī, dīreptum	*wegreißen, plündern*
īgnōminia, -ae f.	*Schande*

Sturm in der Ägäis

tardus, -a, -um	*langsam, träge, spät*
ventus, -ī m.	*Wind*
cōnsōlārī	*trösten*
aptus, -a, -um	*passend, geeignet*
īnsula, -ae f.	*Insel*
validus, -a, -um	*(→ valēre) stark, kräftig*
tempestās, -ātis f.	*Unwetter, Sturm*
iactāre	*(→ iacere) werfen, schleudern*
sidus, sideris n.	*Stern, Gestirn*
exiguus, -a, -um	*gering, klein*
suādēre, suādeō, suāsī, suāsum	*(an)raten*
praeterquam	*außer*
posteāquam =	*postquam*
quemadmodum *(Adv.)*	*wie*
suspicārī	*vermuten, verdächtigen*
optāre	*wünschen*
agnōscere, agnōscō, agnōvī, agnitum	*erkennen, wiedererkennen*
cōnsīderāre	*betrachten, bedenken*
ēicere, ēiciō, ēiēcī, ēiectum	*(→ ē, iacere) hinauswerfen, landen lassen, anlegen*
prōra, -ae f.	*Bug, Vorderteil eines Schiffes*
solvere, solvō, solvī, solūtum	*lösen, auflösen*
ēmittere, ēmittō, ēmīsī, ēmissum	*(→ ē, mittere) aussenden, wegschicken; hier: sē ēmittere über Bord springen*
ēvādere, ēvādō, ēvāsī, ēvāsum	*herausgehen, entkommen*
exīre, exeō, exiī	*(→ ex, īre) herausgehen, weggehen*
tabula, -ae f.	*Tafel, hier: Brett*

Bellende Hunde und Aasgeier!

ārdor, -ōris m.	*(→ ārdēre) Brand, Glut, Feuer*
sanguis, sanguinis m.	*Blut*
dēficere, dēficiō, dēfēcī, dēfectum	*ermatten, nachlassen*

mīlle	*tausend*
passus, -ūs m.	*Schritt, Doppelschritt*
aliquot *(unveränderlich)*	*einige, ein paar*
spatium, -ī n.	*Raum, Ausdehnung, Zwischenraum*
canis, -is m.	*Hund*
cōnspicere, cōnspiciō, cōnspexī, cōnspectum	*erblicken*
bēstia, -ae f.	*wildes Tier*
perspicuus, -a, -um	*durchsichtig, deutlich*
prōrsus *(Adv.)*	*völlig, ganz, ganz und gar*
aliās *(Adv.)*	*(→ alius) sonst, ein andermal*
inicere, iniciō, iniēcī, iniectum	*(→ iacere) hineinwerfen, (ein)geben*
nequīre	*nicht können*
haud	*nicht*
cēterum *(Adv.)*	*übrigens, außerdem*
prōgredī, prōgredior, prōgressus sum	*vorrücken*

Wenn wir in der Taverne sind

nummus, -ī m.	*Münze*
morārī	*(sich) aufhalten, verzögern*
cōnstāns, cōnstantis	*beständig, hier: sesshaft*
aegrōtus, -a, -um	*krank*
centum	*hundert*
mīlle	*tausend*
parum *(Adv.)*	*zu wenig, nicht genug*
quamvīs	*obwohl*

Alle Wege führen ... in die Thermen

quadrāgintā	*vierzig*
exstāre	*(→ stāre) vorhanden sein, existieren*
aeger, aegra, aegrum	*krank, leidend*

Im Bad des großen Scipio

voluptās, -ātis f.	*Vergnügen, Lust*
subīre, subeō, subiī	*auf sich nehmen*
contemplārī	*betrachten*
horror, -ōris m.	*Schrecken*
tantum *(Adv.)*	*nur, so sehr*
semel *(Adv.)*	*einmal*
fessus, -a, -um	*erschöpft, ermattet*
subigere, subigō, subēgī, subāctum	*bezwingen, bearbeiten*
lavāre, lavō, lāvī, lautum	*waschen, sich baden*
spectāculum, -ī n.	*(→ spectāre) Spiel, Schauspiel*
fundere, fundō, fūdī, fūsum	*gießen, hervorströmen lassen*
plēbēius, -a, -um	*(→ plēbs) plebejisch, niedrig, gemein*
ōrnāmentum, -ī n.	*Schmuck*
gradus, -ūs m.	*Schritt, Stufe, Rang*
lābī, lābor, lāpsus sum	*gleiten, fallen, wankelmütig werden*
mūnīmentum, -ī n.	*Befestigung, Schutz, hier: Mauerwerk*

admittere, admittō, admīsī, admissum	*zulassen, gestatten*
simul *(Adv.)*	*zugleich, gleichzeitig*
damnāre *(beim Gen.)*	*einer Sache beschuldigen, zu etwas verurteilen*

Ringsum dröhnt tausendfacher Lärm

prōpōnere, prōpōnō, prōposuī, prōpositum	*hinstellen, sich vorstellen, sich vor Augen halten*
auris, -is f.	*Ohr*
iactāre	*werfen, schleudern*
spīritus, -ūs m.	*Atem, Leben, Geist*
remittere, remittō, remīsī, remissum	*zurückschicken, lockern, nachlassen*
plēbēius, -a, -um	*plebejisch, niedrig, gemein*
adicere, adiciō, adiēcī, adiectum	*hinzufügen*
sonus, -ī m.	*Ton, Klang, Getöse*

Wenn wir in Ruhe die Tage genießen könnten

dispōnere, dispōnō, disposuī, dispositum	*(→ pōnere) planmäßig verteilen, einteilen, ordnen*
vacāre	*frei sein, Zeit haben, sich widmen*
potēns, potentis	*mächtig, einflussreich*
trīstis, -e	*traurig, bedrückend*
nōscere, nōscō, nōvī, nōtum	*kennenlernen, erfahren; pf. novisse = nosse kennen*
superbus, -a, -um	*hochmütig, stolz*
fābula, -ae f.	*Gerede, Erzählung*
umbra, -ae f.	*Schatten*
loca, -ōrum n.	*Pl. von locus*
morārī	*(sich) aufhalten, verzögern*

Ein Blick auf Gallien

incolere, incolō, incoluī, incultum	*(be)wohnen*
opulentus, -a, -um	*reich; glänzend, mächtig*

Der Stamm der Sueben

longē *(Adv. beim Superlativ)*	*bei weitem*
centum	*hundert*
pāgus, -ī m.	*Gau; Dorf*
ēdūcere, ēdūcō, ēdūxī, ēductum	*(→ dūcere) herausziehen, hinausführen*
alere, alō, aluī, altum	*nähren, ernähren*
remanēre, remaneō, remānsī, remānsum	*(→ manēre) zurückbleiben*
intermittere, intermittō, intermīsī, intermissum	*(→ mittere) unterbrechen*
pecus, pecoris n.	*Vieh, Kleinvieh*
exercitātiō, -ōnis f.	*(→ exercēre) Übung*
omnīnō *(Adv.)*	*überhaupt, völlig*
immānis, -e	*ungeheuer, riesig, gewaltig*
cōnsuētūdō, -inis f.	*Gewohnheit*
lavāre, lavō, lāvī, lautum	*waschen, baden*

equester, equestris, equestre	*(→ equus, -ī m.) Reiter-, Ritter-*
turpis, -e	*hässlich, schändlich*
eques, -itis m.	*(→ equus, -ī m.) Reiter, Ritter*
importāre	*einführen, herbeiführen*
patī, patior, passus sum	*erleiden, zulassen*

Das Stammesgebiet der Treverer

longē *(Adv. beim Superlativ)*	*bei weitem*
equitātus, -ūs m.	*(→ equus) Reiterei*
pedes, peditis m.	*(→ pēs) Fußsoldat*
tangere, tangō, tetigī, tāctum	*berühren*
suī, suōrum m.	*die Seinen, seine Leute*
cōnfirmāre	*(→ firmāre) bekräftigen, versichern*
perterrēre, perterreō, perterruī, perterritum	*sehr erschrecken, einschüchtern*
discessus, -ūs m.	*(→ discēdere) Abzug, Trennung*
lābī, lābor, lāpsus sum	*gleiten, fallen, wankelmütig werden*
CC	*200*
obses, obsidis m./f.	*Geisel*
ēvocāre	*(→ vocāre) herausrufen, vorladen*
māgnī interesse	*von großer Wichtigkeit sein*
quam *(bei Superlativ)*	*möglichst*
perspicere, perspiciō, perspexī, perspectum	*(→ spectāre) durchschauen, erkennen*

Romanisierung der Namen – Inschriften als Beweis

sīve	*oder*
coniux, coniugis f./m.	*Ehefrau, Ehemann*

Der Bau des Limes

saltus, -ūs m.	*Schlucht, Waldtal*
silva, -ae f.	*Wald*
tantum *(Adv.)*	*nur, so sehr*
subicere, subiciō, subiēcī, subiectum	*(→ iacere, iaciō, iēcī, iactum) unterwerfen*
diciō, -ōnis f.	*(→ dīcere) Weisung, Befehl, Gewalt*

Abwehrmaßnahmen

emere, emō, ēmī, emptum	*kaufen*
molestus, -a, -um	*beschwerlich, lästig*
sīgnum, -ī n.	*Bild*

Was noch zu sehen ist ... Denkmäler der Stadt Trier

mīlle	*tausend*
tre(s)centī, -ae, -a	*dreihundert*

Die Sintflutgeschichte

quod *(beim Konj.)*	*statt AcI*

cor, cordis n.	*Herz, Verstand*
poenitet = paenitet, paenituit *(unpersönlich)*	*es beunruhigt, es reut*
faciēs, faciēī f.	*Gestalt, Aussehen, Gesicht*
animāns, -mantis m./f.	*Lebewesen*
rēptile, -is n.	*Kriechtier*
cōram *(Präp. beim Abl.)*	*in Gegenwart von, vor*
generātiō, -ōnis f.	*Generation*
masculīnus, -a, -um	*männlich*
fēminīnus, -a, -um	*weiblich*
sēmen, sēminis n.	*Samen*
quadrāgintā	*vierzig*
substantia, -ae f.	*Wesen, Substanz*
inclūdere, inclūdō, inclūsī, inclūsum	*(→ claudere) einschließen, verschließen*
multiplicāre	*vermehren, vervielfältigen*
ēlevāre	*emporheben*
sublīmē *(Adv.)*	*in die Höhe*
pecus, pecoris n.	*Vieh, Kleinvieh*
remanēre, remaneō, remānsī, remānsum	*(→ manēre) zurückbleiben*
fenestra, -ae f.	*Fenster*
ēmittere, ēmittō, ēmīsī, ēmissum	*(→ ē, mittere) aussenden, wegschicken*
ultrā *(Adv.)*	*weiterhin, darüber hinaus*
olīva, -ae f.	*Ölbaum, Olivenbaum*
ōs, ōris n.	*Mund, Maul, Schnabel*
nihilominus *(Adv.)*	*nichtsdestoweniger, trotzdem*
ēgredī, ēgredior, ēgressus sum	*hinausgehen, verlassen*
carō, carnis f.	*Fleisch*
ēdūcere, ēdūcō, ēdūxī, ēductum	*(→ dūcere) herausziehen, hinausführen*
holocaustum, -ī n.	*Brandopfer*
sēnsus, -ūs m.	*Sinn, Empfinden*
aestus, -ūs m.	*Hitze, Sommer*
foedus, foederis n.	*Bündnis, Vertrag*
sempiternus, -a, -um	*ewig, immerwährend*
recordārī	*sich erinnern*
vegetāre	*beleben*
pactum, -ī n.	*Vertrag, Übereinkunft*
porrō *(Adv.)*	*weiter, weithin, ferner*
plantāre	*pflanzen*

... schreckliche Vorzeichen

horrendus, -a, -um	*schrecklich*
prōdigium, -ī n.	*(beunruhigendes) Vorzeichen*
īra, -ae f.	*Zorn*
mundus, -ī m.	*Welt*
sapientia, -ae f.	*Weisheit*
lūna, -ae f.	*Mond*
stēlla, -ae f.	*Stern, Gestirn*
cōnspicere, cōnspiciō, cōnspexī, cōnspectum	*erblicken*
caelestis, -e	*himmlisch*
etiamsī	*wenn auch, auch wenn*
quālis, -e	*wie (beschaffen)*

horror, -ōris m.	*Schrecken*
mōtus, -ūs m.	*Bewegung*
superesse, supersum, superfuī	*übrig sein*
frangere, frangō, frēgī, frāctum	*(zer)brechen*
avis, -is f.	*Vogel*
mīrāculum, -ī n.	*(→ mīrārī) erstaunliche Sache, Wunder*
portentum, -ī n.	*Wunderzeichen, Ungeheuer*
dīversus, -a, -um	*verschieden, entgegengesetzt*
praesertim *(Adv.)*	*besonders*

Gedichte an Lesbia: carmen 85

quārē	*warum*
requīrere, requīrō, requīsīvī, requīsītum	*fragen, nachforschen*

carmen 5

sevērus, -a, -um	*ernst, streng*
occidere, occidō, occidī, occāsum	*untergehen*
lūx	*steht sinngemäß für vīta*
dormīre, dormiō, dormīvī	*schlafen*
perpetuus, -a, -um	*zusammenhängend, ununterbrochen*
mīlle	*tausend*
centum	*hundert*
secundus, -a, -um	*zweiter, ein weiterer*
ūsque *(Adv.)*	*in einem fort, fortwährend*

carmen 8

dēsinere, dēsinō, dēsiī, dēsitum	*aufhören, aufgeben*
quantum	*wie(viel), wie sehr*
vērē *(Adv.)*	*wirklich, tatsächlich*
requīrere, requīrō, requīsīvī, requīsītum	*(→ quaerere) nach jmdm. fragen, nachforschen; jmdn. vermissen*

Rufus und seine Naevia

quisquis, quidquid *(subst.)*	*wer auch immer/jeder, der; was auch immer /alles, was*
lūx, lūcis f.	*Licht, Leben*
lūmen, lūminis n.	*Licht*

Gut gelacht ist halb gewonnen

ōdisse, ōdī	*hassen*
expertus, -a, -um	*erfahren, erprobt*
sēmen, sēminis n.	*Samen*
mollis, -e *(adv.Akk.* mollia*)*	*sanft, weich*
nota, -ae f.	*Zeichen*

Auch das Gegenteil führt zum Erfolg

iuvenis, -is m.	*junger Mann*
lacrima, -ae f.	*Träne*
fingere, fingō, fīnxī, fictum	*formen, (er)dichten; vorgeben*
ōs, ōris n.	*Mund, Gesicht*
ultrō *(Adv.)*	*obendrein, noch dazu, von selbst*
tangere, tangō, tetigī, tāctum	*berühren*

Wie lacht frau am besten?

modicus, -a, -um	*mäßig, bescheiden, hier: geringfügig*
utrimque *(Adv.)*	*von beiden Seiten, auf beiden Seiten*
dēns, dentis m.	*Zahn*
perpetuus, -a, -um	*zusammenhängend, ununterbrochen; hier: beständig*
levis, -e	*leicht, unbedeutend, leichtsinnig*
ōs, ōris n.	*Mund, Gesicht*
turpis, -e	*hässlich, schändlich*

Nicht nur Lachen bringt Erfolg

lacrima, -ae f.	*Träne*
dēficere, dēficiō, dēfēcī, dēfectum	*nachlassen, fehlen*
tangere, tangō, tetigī, tāctum	*berühren*
miscēre, misceō, miscuī, mixtum	*mischen, vermischen*
tantum *(Adv.)*	*nur, so sehr*
nocēre, noceō, nocuī	*schaden*
cavēre, caveō, cāvī, cautum	*sich vorsehen, sich hüten*

Die schöne Fabulla

turpis, -e	*hässlich, schändlich*
foedus, -a, -um	*hässlich, scheußlich*

Bis dass der Tod euch scheidet!

coniux, coniugis m./f.	*Ehemann, Ehefrau*
vendere, vendō, vendidī, venditum	*verkaufen*

Die bis zum Tod treue Ehefrau

tumulus, -ī m.	*Grab(hügel)*
simplex, simplicis	*einfach, aufrichtig*
aes, aeris n.	*Erz, Geld*

Zusammenfassende Vokabelübung 1

In modernen europäischen Sprachen gibt es eine Menge Wörter, die aus dem Lateinischen kommen. Die folgende Liste enthält einige Beispiele aus den Pliniustexten *Tagesablauf eines römischen Gutsbesitzers* und *Der Junge mit dem Delphin* sowie aus dem Senecatext *Unterwegs mit ganz wenigen Sklaven*. Versuche, die lateinischen Vokabeln den in der Tabelle angegebenen deutschen Fremdwörtern oder Begriffen aus modernen Fremdsprachen zuzuordnen:

stomachus ,-i m.; tardus ,-a ,-um; spectaculum ,-i n.; prior ,-oris; flectere, flecto, flexi, flexum; quies,-etis f.; tangere, tango, tetigi, tactum; tendere, tendo, tetendi, tentum; incredibilis, -e; quasi; deponere, depono, deposui, depositum; aequalis ,-is m.; occultus ,-a ,-um; adspicere, adspicio, adspexi, adspectum; concurrere, concurro, concurri, concursum

Beispiel	lateinische Vokabel	deutsche Bedeutung der lat. Vokabel	Bedeutung des Fremdwortes/fremdsprachlichen Wortes
stomach (engl.)	stomachus ,-i m.	der Magen	
tard (franz.)	tardus ,-a ,-um	langsam	
tent (engl.)			
Depot (dt.)			
Flexibilität (dt.)			
Konkurrent (dt.)			
Aspekt (dt.)			
quasi (dt.)			
Tangente (dt.)			
incredible (engl.)			
Priorität (dt.)			
Spektakel (dt.)			
quiet (engl.)			
Okkultismus (dt.)			
äquivalent (dt.)			

Zusammenfassende Vokabelübung 2

Ordne die Substantive (Lernvokabular) des *Kapitels Kometen, Götter, Katastrophen.*

a-Dekl.	o-Dekl.	3. Dekl.: Konsonatenstämme	3. Dekl.: i-Stämme	u-Dekl.	e-Dekl.

Dekliniere sie jeweils im Singular und Plural.

Zusammenfassende Vokabelübung 3

Suche aus dem Kapitel *Liebeserklärungen* alle Adjektive (Lernvokabeln) heraus, die Charaktereigenschaften bezeichnen, und ordne sie nach ihrer Zugehörigkeit zu den Deklinationen. Übertrage die Tabelle in dein Heft und vervollständige sie.

Adjektive der a- u. o- Deklination	Adjektive der 3. Deklination			
	Konsonantische Stämme	i- Stämme:		
		einendig	zwei-endig	drei-endig

Zusammenfassende Vokabelübung 4

Ergänze den Lückentext mit den angegebenen lateinischen „kleinen" Wörtern, so dass er einen sinnvollen Zusammenhang ergibt:

ante (Adv.), quemadmodum, iterum, circa + Akk., cum + Abl., quamquam, in + Akk., nonnumquam, ex + Abl., causa + Gen., post + Akk., diu

Plinius ad amicum scribit, ... diem aestate disponat: evigilat, cum libuit, plerumque .... horam primam, saepe ...., tardius raro. ...... cryptoporticum se confert et meditatur et dictat. Paulum redormit, deinde ambulat, mox orationem Graecam clare legit non tam vocis .... quam stomachi. .... ambulat. Ei cenanti, si .... uxore vel paucis, liber legitur; .... cenam comoedia. Ita dies bene conditur, ... longissimus est. .... hunc ordinem mutat; nam, si .... iacuit vel ambulavit, post somnum demum lectionemque equo vehitur. Interdum interveniunt amici .... proximis oppidis.